Peter-Christian Witt · Friedrich Ebert

Peter-Christian Witt

Friedrich Ebert

Parteiführer
Reichskanzler
Volksbeauftragter
Reichspräsident

Verlag Neue Gesellschaft

ISBN 3-87831-446-9

Godesberger Allee 143, D-5300 Bonn 2
Umschlag: Karl Debus, Bonn, unter Verwendung eines Gemäldes
von Emil Orlik
Herstellung: Ebner Ulm

Printed in Germany 1987

„Haben Sie recht herzlichen Dank für die Übersendung Ihres Buches [Hermann Müller: Die Novemberrevolution. Erinnerungen, Berlin 1928]... Bei seiner Lektüre wird einem ganz stark bewußt, was die Sozialdemokratie und vor allem Ebert in der Zeit zwischen dem 9. November (1918) und 19. Januar (1919) an verantwortungsvoller Arbeit geleistet hat. Mir ruft Eberts doppelfrontiger Kampf in dieser Zeit immer wieder das tiefe geschichtliche Wort aus C. F. Meyers [Die Versuchung des] Pescara in Erinnerung: ‚Ein weltbewegender Mensch hat zwei Ämter: Er vollzieht, was die Zeit fordert, dann aber – und das ist sein schwereres Amt – steht er wie ein Gigant gegen den aufspritzenden Gischt des Jahrhunderts und schleudert hinter sich die aufgeregten Narren und bösen Buben, die mittun wollen, das gerechte Werk übertreibend und schändend'."

Reichsjustizminister a. D. Professor Dr. Gustav Radbruch an Reichskanzler Hermann Müller, 26. Januar 1929.

Vorbemerkung

Die Beschäftigung mit der Geschichte der Weimarer Republik, die Frage nach den Chancen und Gefährdungen der ersten deutschen Demokratie, die Suche nach den Ursachen für ihr Scheitern waren und sind Hintergrund für meinen biographischen Versuch über den ersten Reichspräsidenten Friedrich Ebert. Mein Erkenntnisinteresse galt stets sowohl den gesellschaftlichen Kräften und Bedingungskonstellationen wie dem Handlungsspielraum des verantwortlichen Politikers; dies findet naturgemäß auch seinen Niederschlag in meiner Biographie Eberts, dessen Aktionsradius sich innerhalb von nur 13 Jahren von der lokalen Parteiorganisation über den Parteivorstand und die Führung der Opposition im Reichstag hin zur verantwortlichen Leitung der Reichsgeschäfte als Reichskanzler-Volksbeauftragter und als Reichspräsident ausweitete. Für meine Biographie Friedrich Eberts und für meine Bewertung seiner Handlungen ist es daher von zentraler Bedeutung, daß sie nicht allein auf Forschungsarbeiten zurückgreifen kann, die speziell für diesen biographischen Versuch angestellt wurden, sondern in ihnen auch und gerade meine Forschungen zur allgemeinen Sozial- und Wirtschaftsgeschichte Deutschlands, zur Geschichte des Parlamentarismus in der Weimarer Republik, zur deutschen Ministerialbürokratie und nicht zuletzt zur Geschichte der deutschen Inflation 1914 bis 1923/24 ihren Niederschlag finden.

Dieser biographische Versuch richtet sich zwar auch an den Fachmann, in erster Linie aber an den interessierten Laien. Ich habe mich daher entschlossen, auf den wissenschaftlichen Anmerkungsapparat zu verzichten – wer hieran Interesse hat, kann auf die 2., erweiterte und überarbeitete Auflage des Buches: Friedrich Ebert 1871–1925. Mit einem einführenden Aufsatz von Peter-Christian Witt, Bonn 1980, zurückgreifen –, dafür aber jedem Kapitel eine knappe Auswahlbibliographie beizufügen. Sie enthält jeweils Hinweise auf neuere Literatur zur deutschen Geschichte im allgemeinen, zur Geschichte der sozialdemokratischen Arbeiterbewegung und – soweit vorhanden – zur Biographie Eberts. Bei der Auswahl habe ich mich davon leiten lassen, einmal allgemeinverständlich gehaltene, zugleich zuverlässig informierende und nicht zu teure Bücher zu nennen, zum anderen auch die wichtigeren Akteneditionen und neueren Monographien anzuführen.

Wie umstritten die Politik des Reichspräsidenten Ebert auch heute noch ist, hat sich jüngst wieder gezeigt, als der Bundestag über die Errichtung einer „Nationalen Gedenkstätte Friedrich-Ebert-Haus“ in Heidelberg debattierte. Dabei wurde auch deutlich, daß wenig Kenntnisse, aber viel Vorurteile bestehen. Ich hoffe darauf, daß mein biographischer Versuch dazu beitragen wird, die Diskussionen auf eine rationalere Grundlage zu stellen.

Hamburg, November 1986 Peter-Christian Witt

Inhalt

1. Friedrich Ebert und die Geschichtsschreibung

Friedrich Ebert hat mehr als 13 Jahre dem Vorstand der größten Partei des Kaiserreichs als Mitglied und seit 1913 als einer ihrer Vorsitzenden angehört; über sechs Jahre lang stand er zwischen dem November 1918 und dem Februar 1925 als Reichskanzler, Volksbeauftragter und erster Reichspräsident gestaltend und beratend im Entscheidungszentrum der deutschen Politik – doch eine wissenschaftlichen Ansprüchen genügende politische Biographie Friedrich Eberts wurde bis zum heutigen Tage nicht geschrieben. Natürlich wird Eberts politisches Wirken in zahllosen Erinnerungswerken sozialdemokratischer und bürgerlicher Politiker ausführlich kommentiert; auch entstanden schon zu seinen Lebzeiten und unmittelbar nach seinem Tod Lebensbilder, die seine Verdienste um die deutsche Demokratie priesen, aber – soweit von diesen Bemühungen überhaupt eine Wirkung ausgegangen ist – mit der nationalsozialistischen Machtergreifung 1933 wurde Ebert entweder ganz aus den Geschichtsbüchern gestrichen oder aber zu einem „Verderber" Deutschlands, dessen höchstens noch im negativen Sinne gedacht wurde.

Nach dem Zweiten Weltkrieg und dem Zusammenbruch des nationalsozialistischen Deutschlands schien es zunächst so, als ob die Rückbesinnung auf die demokratischen Traditionen in Deutschland auch zu einer intensiven Beschäftigung mit einem der führenden Repräsentanten der ersten deutschen Demokratie führen würde. In dieser Zeit entstanden eine Reihe von Lebensbildern Eberts, die seinem politischen Wollen und Handeln mit großer Sympathie gegenüberstanden; hierzu gehören in erster Linie das immer noch mit Gewinn zu lesende Buch von Waldemar Besson und die große Rede des ersten Bundespräsidenten Theodor Heuss auf den „Abraham Lincoln der deutschen Geschichte". Wissenschaftlich befriedigend waren diese Unternehmungen freilich nicht; sie wollten das auch nicht sein. Ihr Ziel war die politische Pädagogik. Mit ihren Darstellungen des Lebens von Friedrich Ebert wollten sie der jungen, noch ungefestigten zweiten deutschen Demokratie so etwas wie eine Tradition geben. Und da nicht so sehr politische Ideen und Überzeugungen Identifikationsmöglichkeiten zu eröffnen schienen, sondern große Persönlichkeiten, wurde auch Ebert hierfür benutzt.

So wohlmeinend die Intentionen auch gewesen sein mögen, sobald sich Politiker solcher Überlegungen für tagespolitische Zwecke bemächtigen, hat das fatale Folgen. In der selektiven Wahrnehmung konservativer Politiker in den fünfziger Jahren war das Bemerkenswerteste an Eberts Politik seine entschiedene Stellungnahme gegen eine Übernahme der russischen Revolutionskonzeption in Deutschland. Dieses eine wichtige Charakteristikum seiner Politik (in einer konkreten Entscheidungssituation in der Zeit zwischen November 1918 und Frühjahr 1919) wurde umstilisiert in den Hauptinhalt seines gesamten politischen Handelns. Ob eine solche Betrachtungsweise etwas mit der Realität von Eberts politischem Wirken insgesamt zu tun hatte, interessierte in Wirklichkeit nicht. Es ging ja nur darum, Ebert zum Kronzeugen gegen die Sozialdemokratie der fünfziger Jahre zu machen. Der Antikommunist Ebert wurde zum Vorläufer der Politik des „kalten Krieges“ stilisiert und mit ihm wurde die Bereitschaft der Sozialdemokratie, auch zu einem modus vivendi mit der Sowjetunion zu kommen bzw. deren Deutschlandpolitik zu testen, verteufelt. Mit dem „historischen“ Ebert hatte eine solche Betrachtungsweise wenig zu tun, aber das war nicht weiter wichtig, die Hauptsache war, man konnte die sozialdemokratische Partei der fünfziger Jahre mit dem sozialdemokratischen Kronzeugen schlagen.

Diese Verwendung Eberts für politisch-pädagogische und für tagespolitische Zwecke, erwies sich auf lange Sicht als negativ. Denn weder gelang es, Ebert als einen Vertreter demokratischer Tradition in Deutschland in dem Bewußtsein der Bürger zu verankern, noch blieb die Hervorhebung des Antikommunismus als vermeintlich wichtigster politischer „Leistung“ Eberts folgenlos. Selbst innerhalb der Mitgliedschaft der Sozialdemokratischen Partei hat diese Vorstellung prägend gewirkt und dazu beigetragen, daß Ebert und seine Leistungen nie recht gewürdigt wurden. Dennoch ist aus dem beschriebenen Zusammenhang von politisch-pädagogischen und politischen Motiven die erste wissenschaftliche Ansprüche erhebende Biographie Eberts entstanden. Im Jahre 1963 hat Georg Kotowski den ersten Band seiner Biographie Eberts vorgelegt, der den Lebensweg Eberts bis zum Jahre 1917 verfolgt. Der zweite Band, der nach der These des Verfassers die Jahre der größten politischen Wirksamkeit Eberts innerhalb der SPD und für das Deutsche Reich zum Gegenstand hätte haben müssen, ist nie erschienen. Niemand wird bestreiten wollen, daß der Versuch zu einer politischen Biographie Eberts an sich verdienstvoll war; aber das Ergebnis ist eher beklagenswert. Kotowski hat die Ansprüche, die an eine politische Biographie gestellt werden müssen, nicht zu befriedigen vermocht. Die Quellen sind nur ganz unzulänglich ausgeschöpft; eine nicht nur an „Meinungen“ orientierte Analyse der politischen Intentionen und Aktionen Eberts fehlt weitgehend; die Grundthese, Ebert habe erst 1917 entscheidenden Einfluß auf die Politik der Sozialdemokratischen Partei gewonnen, ist falsch und auch die Einordnung der sozialdemokratischen Politik in den Kontext deutscher Politik im Kaiserreich ist nur unzulänglich gelungen. Kotowskis Untersuchung ist heute durch die Dissertation von Dieter K. Buse in allen wesentlichen Punkten überholt. Freilich, Buses Arbeit ist nur in englischer Sprache erschienen und daher für den interessierten Laien kaum zugänglich. Ein weiterer Nachteil ist, daß auch Buses Untersuchung die Jahre der größten politischen Wirksamkeit Eberts, nämlich die Jahre 1919 bis 1925, nicht mitbehandelt.

Die Gründe für die unzureichende Erforschung des Lebens und der Politik Friedrich Eberts sind mannigfacher Natur: Vor 1945 haben Schwierigkeiten bei der Benutzung der wichtigen amtlichen Quellen bzw. politische Umstände die entscheidende Rolle gespielt. Nach 1945 wandte sich die deutsche und die internationale Geschichtsschreibung zunächst der Aufgabe zu, Ursachen und Wirkungen des nationalsozialistischen Gewaltregimes in Deutschland zu klären. In diesem Zusammenhang entstanden auch zahllose Arbeiten, die sich mit der Weimarer Republik in einer sehr verengten Perspektive beschäftigten. Verengt war deren Perspektive insofern, als sie durch eine Analyse der Anfangs- und der Endjahre der Weimarer Republik entweder zu beweisen suchten, daß diese von Anfang an als demokratisches Staatswesen nicht lebensfähig gewesen sei, weil schon an ihrem Beginn die Weichen falsch gestellt worden seien, oder aber indem sie nachzuweisen suchten, daß bedauerlicherweise gerade die Kompromißunfähigkeit der entschiedenen Befürworter einer demokratischen und sozialen Republik nach 1930 eine Stabilisierung der politischen Verhältnisse verhindert hätten. In beiden Interpretationen wurden Fehler und Versagen der Sozialdemokratie für diese Entwicklung verantwortlich gemacht, obgleich sie die einzige politische Gruppierung gewesen war, die sich geschlossen zur sozialen Demokratie bekannt hatte. Diese von Kritikern aus dem rechten und linken Lager vorgetragene Interpretation ist zwar in sich in höchstem Maße inkongruent, sie hat aber dennoch weitgehende Zustimmung gefunden, zumal sich mit ihr auch Argumente für gegenwärtige politische Auseinandersetzungen gewinnen ließen. Wissenschaftlich ist sie schon deswegen nicht haltbar, weil sie von einem statischen bzw. deterministischen Geschichtsverständnis ausgeht, das die prinzipielle Offenheit einer jeden historischen Entscheidungssituation leugnet.

Konjunktur und Depression sind Erscheinungen, die auch in der Geschichtsschreibung ihre Rolle spielen. Die Hochkonjunktur der politischen Biographie, die in der deutschen Historiographie für viele Jahrzehnte geherrscht hatte, schlug in den 60er und 70er Jahren in eine tiefe Depression um. Das Interesse an der historischen Persönlichkeit versiegte und statt dessen kam die viel zu lange vernachlässigte Untersuchung der gesellschaftlichen Strukturen endlich zum Zuge und damit ging einher eine theoretische und methodische Neuorientierung der Geschichtsschreibung, ihre Wiedereinbindung in den Kontext der Sozialwissenschaften. Diese, inzwischen von vielen politisch konservativen Historikern wieder in Frage gestellte Entwicklung war notwendig, und hierdurch hat die deutsche Geschichtswissenschaft wieder Anschluß an die internationale Forschung gewonnen. Nicht zu verkennen ist freilich, daß das Interesse an strukturellen Entwicklungen zu einer Vernachlässigung der historischen Persönlichkeiten geführt hat.

Um einem Mißverständnis vorzubeugen: Die Biographie als ein Genre der Geschichtsschreibung verschwand natürlich nicht, aber in der professionellen Geschichtsschreibung verlor sie fast jede Bedeutung. Und hierauf kommt es an. Mochte das weiterbestehende Publikumsinteresse an dem biographischen Zugang zur Geschichte auch durch die historische Publizistik in reichem Maße befriedigt worden sein, dem größeren Publikum also der Wandel in der professionellen Geschichtsschreibung gar nicht bewußt geworden sein: Ohne die Vorarbeiten der wissenschaftlichen Forschung mußte bald auch die historische Publizistik veröden. Und wenn, wie im Falle Eberts, die wissenschaftlich befriedigende Biographie noch nicht vorlag, konnten solche grundsätzlichen Umorientierungen in der wissenschaftlichen Forschung nicht ohne Folgen bleiben.

Dabei ist zunächst noch ein Aspekt zu erwähnen, auf den schon Waldemar Besson in seinem Versuch über Ebert hingewiesen hat: Die Persönlichkeit Friedrich Eberts bietet anders als etwa Gustav Stresemann, der sich vom rabiaten Verfechter des deutschen Machtstaats zum Fürsprecher einer auf Ausgleich nach innen und außen gerichteten Politik entwickelt hatte, kaum Möglichkeit zum Spekulieren, zum Erklären oder Bestreiten dramatischer Wandlungen in seinen politischen Überzeugungen. Nicht dramatische Umbrüche, sondern Geradlinigkeit und kontinuierliche Fortentwicklung kennzeichnen seine Politik. Das fasziniert nicht gerade – weder den Historiker noch seinen potentiellen Leser –, Besson selber hat aber auch zu bedenken gegeben, ob nicht die „mangelnde individuelle Faszination durch das im Individuellen Typische zu kompensieren“ wäre und ob sich nicht in Eberts Leben die „Bewegung einer ganzen sozialen Schicht“ verkörpert habe.

Dieser Gedanke ist, wenn auch mit einiger Verzögerung, von der Forschung allmählich aufgenommen worden. Zwar fehlen Kollektivbiographien der Führungsschichten der deutschen Arbeiterbewegung noch immer, aber die Geschichte der Sozialdemokratischen Partei ist heute, dank der vorzüglichen, durch abgewogenes Urteil und sorgfältige Quellenaufarbeitung bestechenden Bücher von Susanne Miller und Heinrich August Winkler, doch sehr viel besser erforscht. Das gleiche gilt auch für die sozio-ökonomischen Rahmenbedingungen und für die Geschichte der Gewerkschaften, selbst wenn rein quantitativ noch immer ein Übergewicht von Untersuchungen zu belanglosesten politischen Splittergruppen, zu Vertretern der äußersten Rechten und Linken zu verzeichnen ist und selbst die schier endlose Reihe von Studien zur Rätebewegung immer noch weiter ergänzt wird. Zweifelsohne hat sich heute die Forschungslage gegenüber dem Zustand vor 16 Jahren, als die erste Fassung dieses biographischen Versuchs über Friedrich Ebert entstanden ist, insofern bedeutend verbessert, als sowohl die allgemeinen politischen, sozialen und ökonomischen Rahmenbedingungen als auch Organisation und Politik der Arbeiterbewegung nicht mehr so viele ungeklärte Fragen aufweisen. Damit sind auch sicherere Grundlagen für eine Auslotung des Handlungsspielraums und der Gestaltungsmöglichkeiten der verantwortlichen Politiker entstanden.

Allerdings ist bemerkenswert, in wie geringem Maße selbst in der Fachhistorie, von der historischen Publizistik oder historisierenden Politikern ganz zu schweigen, diese Ergebnisse der gelehrten Forschung bei der Beurteilung der Politik Friedrich Eberts oder der Sozialdemokratischen Partei während der Novemberrevolution und in den Anfangsjahren der Weimarer Republik aufgenommen worden sind. Noch immer werden hier aus lauter Bequemlichkeit altersgraue Vorurteile weiterverbreitet.

Daß für kommunistische Historiker Ebert nichts anderes als ein „Verräter der Arbeiterklasse", ein „Opportunist", ja ein „Arbeitermörder" ist, dessen Politik ausschließlich darauf gerichtet war, den Interessen der „Monopolkapitalisten" als „aktiver Förderer der militaristischen Konterrevolution" zu dienen, läßt sich aus ihren politischen Auffassungen und aus ihren Vorstellungen von den Aufgaben der Geschichtsschreibung noch erklären, wenngleich hier der diametrale Gegensatz zwischen dezidiertem Urteil und tatsächlicher Forschungsleistung auffällt, aber der nur noch als pathologisch zu bezeichnende Haß, mit dem historisierende Publizisten der Bundesrepublik, wie z. B. Sebastian Haffner, die Politik Friedrich Eberts deuten, ist wegen der großen Breitenwirkung ihrer Bücher in der historisch-politisch interessierten Öffentlichkeit verantwortungslos, zumal sie nicht davor zurückschrecken, komplizierte Sachverhalte und differenzierte Erörterungen der gelehrten Forschung auf plakative Formeln zu reduzieren und damit auch zu verfälschen. Ein anderer Aspekt sollte hier noch erwähnt werden: In solchen Darstellungen werden häufig ziemlich von oben herab die angeblich mangelnde politische Phantasie und die „kleinbürgerliche", „spießige" Gesinnung Friedrich Eberts erwähnt, oder es wird mit einem gewissen Behagen, kommt hier schließlich ein sozialdemokratischer Kronzeuge zu Wort, Karl Kautskys bekanntes Diktum zitiert, Ebert sei „in nicht rein proletarischen Dingen etwas beschränkt“, um Ebert persönlich und politisch abzuqualifizieren. Welche Kriterien solchen Urteilen zugrunde liegen, wird allerdings nie deutlich gemacht. Denn geschähe es, könnten wohl kritische Leser auf den Gedanken kommen, daß Intellektualität nicht notwendig von den Kriterien des Bildungsbürgertums her bestimmt werden kann, daß „politische Phantasie“ wohl doch eine nutzlose, weil inhaltlich auch nie genau bestimmte und bestimmbare Kategorie ist.

Kann sich die Wissenschaft gegen solche Methoden der historisierenden Publizistik auch kaum mit Erfolg zur Wehr setzen, so wäre sie doch in eigenen Veröffentlichungen zur größten Sorgfalt verpflichtet. Freilich haben auch angesehene Historiker ohne hinreichend genaue Kenntnis der tatsächlichen Vorgänge und der seinen politischen Entscheidungen zugrunde liegenden Überlegungen weitreichende Urteile über Ebert formuliert. So hat Carl Schorske auch noch in der 1981 erschienenen Neuauflage seines kenntnisreichen, in mancher Beziehung bahnbrechenden Buches über die deutsche Sozialdemokratie von 1905 bis 1917 über Ebert geurteilt: „Farblos, kühl, entschlossen, fleißig und ungemein praktisch, hatte Ebert alle jene Charaktermerkmale, die ihn – mutatis mutandis – zum Stalin der Sozialdemokratie machen sollten.“ Dies ist ein krasses Fehlurteil – man braucht nur daran zu erinnern, daß Ebert seine politischen Gegner auf der Rechten oder Linken ja nicht hat umbringen lassen, wie Stalin das tat, sondern von ihnen in den Tod gehetzt worden ist. Erklärlich wird dieses krasse Fehlurteil vielleicht durch die Sympathie, die Schorske (wie viele vor allem amerikanische Historiker) für die USPD wegen ihrer konsequenten Haltung in der Kriegsfrage hat, und aus der Abneigung des Liberalen gegen die bürokratischen Methoden von Massenparteien. Doch Eberts Persönlichkeit und politischem Handeln tut es bitter unrecht. Oder, schärfer ausgedrückt, Schorske hat dem von rechts und links während der Weimarer Zeit erfolgenden „Rufmord am Reichspräsidenten“ den „Rufmord“ durch die Historikerzunft hinzugefügt. Denn sein Urteil ist von Darstellung zu Darstellung weitergereicht worden und heute weitgehend, wenngleich häufig nur unterschwellig und unausgesprochen, opinio communis der gelehrten Forschung vor allem zur Novemberrevolution und zur Rätebewegung geworden.

Die hier vorgelegte Studie über Friedrich Ebert als Parteiführer, Reichskanzler, Volksbeauftragter und Reichspräsident kann die noch ausstehende politische Biographie nicht ersetzen. Ihr Ziel ist bescheidener: Sie möchte auf dem Hintergrund einer kurzen, stark an der persönlichen politischen Entwicklung Eberts in den Jahren bis zum Ausbruch des

Ersten Weltkrieges orientierten Einführung, am Beispiel einiger zentraler politischer Entscheidungen aus den Jahren 1914 bis 1925 einen Anregungen, Hinweise und Probleme aufzeigenden Beitrag zu einer Gesamtdarstellung von Eberts Politik leisten. Hierbei werden sowohl innen- wie außen- und parteipolitische Fragestellungen berücksichtigt, doch muß naturgemäß die akribische Beschreibung der Ereignisse häufig zurücktreten gegenüber einer mehr deliberierenden Form der Darstellung. Diese Untersuchung verfolgt zugleich das Ziel durch Erörterung der entscheidenden politischen Probleme, vor die sich Ebert in seiner Zeit als Volksbeauftragter und als Reichspräsident gestellt sah, seinen politischen Intentionen und Aktionen Gerechtigkeit widerfahren zu lassen. Der Autor verschweigt dabei nicht, daß er von einem festen historisch-politischen Standort aus urteilt, daß für ihn demokratischer Sozialismus nicht denkbar ist ohne das klare Bekenntnis zur parlamentarischen Demokratie, das auch für Ebert verbindlich war. Diese Grundposition könnte zu einer gewissen Determiniertheit des historischen Urteils führen, wenn damit Einäugigkeit gegenüber den Quellen verbunden wäre. Dies hoffe ich jedoch vermieden zu haben. Auch geht der Autor, um in einer natürlich angreifbaren, aber hier allein möglichen Knappheit zu sprechen, von der theoretischen Vorüberlegung aus, daß politische Entscheidungen im wesentlichen sozialökonomische Ursachen haben, daß zwischen der Wirtschafts- und Sozialstruktur sowie den ideologischen Strömungen einer Nation und den innen- und außenpolitischen Entscheidungen der handelnden Politiker ein enges Interdependenzverhältnis besteht, das häufig dem politischen Akteur nur einen minimalen Entscheidungsspielraum innerhalb der durch „Klasseninteressen" gesetzten Grenzen beläßt. Diesen Entscheidungsspielraum der historischen Individualität gegenüber komplexen historischen Bewegungen und Interessen und den Stellenwert der individuellen Entscheidung für geschichtliche Prozesse gilt es, auch in dieser Untersuchung über Friedrich Ebert auszuloten.

Der hier vorgelegte biographische Versuch über Friedrich Ebert beruht im wesentlichen auf der Auswertung umfangreicher Quellenbestände amtlichen und nichtamtlichen Charakters, die heute in den Archiven der Bundesrepublik Deutschland, dem Internationalen Institut für Sozialgeschichte in Amsterdam und in den Zentralen Staatsarchiven der Deutschen Demokratischen Republik in Potsdam und Merseburg verwahrt werden. Es handelt sich hierbei um die Akten der Reichskanzlei und des Büros des Reichspräsidenten sowie der Reichsministerien des Auswärtigen, der Wirtschaft und der Finanzen, der Sozialisierungskommission, der Zentralarbeitsgemeinschaft, des Vorläufigen Reichswirtschaftsrats, des Reichsrats und des Reichstags und schließlich um zahlreiche Nachlässe sozialdemokratischer und bürgerlicher Politiker und hoher Ministerialbeamter. Daneben konnten Materialien der SPD (und in beschränktem Umfang auch der USPD) herangezogen werden wie die Protokolle der Reichstags- und der Nationalversammlungsfraktion, Aufzeichnungen über Sitzungen des Parteiausschusses, die Parteitagsberichte und schließlich die umfänglichen Quellenveröffentlichungen der Kommission für die Geschichte des Parlamentarismus und der politischen Parteien sowie die inzwischen für die Anfangsjahre der Weimarer Republik vollständig veröffentlichten Kabinettsprotokolle. Der ursprünglich wohl sehr bedeutende privatdienstliche Nachlaß von Friedrich Ebert dürfte in der Form, wie er bei seinem Tode bestand, verloren sein. Alle Nachforschungen nach seinem Verbleib haben sich als erfolglos erwiesen. Allerdings sind einige Bruchstücke aus dem Nachlaß schon vor 1933 von Friedrich Ebert jun. veröffentlicht worden und Teile seines Kriegstagebuchs, das sich in Abschrift schon in dem Nachlaß des Generals von Eberhardt im Geheimen Staatsarchiv Berlin-Dahlem befand, und einige wenige Briefe sind jetzt aus dem Nachlaß des Sohnes Karl Ebert in das Archiv der sozialen Demokratie gelangt. Daneben stehen die politischen Reden Eberts aus seiner Zeit in der Bremer Bürgerschaft, im Reichstag und als Reichspräsident fast vollständig zur Verfügung. Trotz dieser umfänglichen Ersatzüberlieferung ist das Fehlen des politischen Nachlasses insofern problematisch, als sich manche persönliche und politische Fragen, vor allem aber die Motive für Eberts Entscheidungen in vielen Fällen nicht mehr zweifelsfrei klären lassen.

Zitierte und weiterführende Literatur

1. Schriften Eberts

Friedrich Ebert, Schriften, Aufzeichnungen, Reden, hrsg. v. Fr. Ebert jun. u. P. Kampffmeyer, 2 Bde., Dresden o. J. (1926).

Friedrich Ebert, Kämpfe und Ziele. Mit einem Anhang: Erinnerungen von seinen Freunden, Dresden o. J. (1927).

Ursula Schulz (Hrsg.), Friedrich Ebert in Bremen. Aus seinem parlamentarischen Wirken 1900 bis 1905, Bremen 1963.

Parteiagitation und Wahlkreisvertretung. Eine Dokumentation über Friedrich Ebert und seinen Reichstagswahlkreis Elberfeld-Barmen (1910–1918). Hrsg. und eingel. v. Dieter K. Buse, Archiv für Sozialgeschichte, B. H. 3, Bonn-Bad Godesberg 1975.

2. Lebensbilder Eberts

Franz Diederich, Fritz Ebert, Berlin 1919.

Johannes Fischart (= Erich Dombrowski), Friedrich Ebert, in: Das alte und das neue System. Die politischen Köpfe Deutschlands, Berlin 1919.

Paul Kampffmeyer, Friedrich Ebert, 2. Aufl. Berlin 1923.

Friedrich Ebert und seine Zeit. Ein Gedenkwerk über den ersten Präsidenten der deutschen Republik, Charlottenburg o. J. (1926).
Emil Felden, Eines Menschen Weg. Friedrich Eberts Leben, Bremen 1927.
Dora Otto, Friedrich Ebert. Ein Demokrat und Staatsmann, Offenbach 1952.
Max Peters, Friedrich Ebert. Erster Präsident der deutschen Republik, 2. Aufl. Berlin 1954 (im Anhang die Gedenkrede von Theodor Heuss auf Friedrich Ebert).
Michael Freund, Friedrich Ebert, in: Die Großen Deutschen, hrsg. v. H. Heimpel, Th. Heuss, B. Reifenberg, Bd. 4, Berlin 1957, S. 421–439.
Georg Haschke u. Norbert Tönnies, Friedrich Ebert. Ein Leben für Deutschland, Preetz 1961.
Waldemar Besson, Friedrich Ebert. Verdienst und Grenze, Göttingen/Berlin/Frankfurt 1963.

3. Wissenschaftliche Biographien Eberts
Georg Kotowski, Friedrich Ebert. Eine politische Biographie, Bd. 1: Der Aufstieg eines deutschen Arbeiterführers 1871–1917, Wiesbaden 1963.
Dieter K. Buse, Friedrich Ebert and German Socialism, 1871–1919, Ph. D. Dissertation, University of Oregon 1972 (University Microfilms, Ann Arbor/Michigan).

4. Sonstige zitierte Literatur
Sebastian Haffner, Der Teufelspakt, Reinbek b. Hamburg 1968.
Susanne Miller, Burgfrieden und Klassenkampf. Die deutsche Sozialdemokratie im Ersten Weltkrieg, Düsseldorf 1974.
Dies., Die Bürde der Macht. Die deutsche Sozialdemokratie 1918–1920, Düsseldorf 1978.
Carl E. Schorske, German Social Democracy 1905–1917. The Development of the Great Schism, New York 1955 (dt. u. d. Titel: Die große Spaltung. Die deutsche Sozialdemokratie von 1905 bis 1917, Berlin 1981).
Heinrich August Winkler, Von der Revolution zur Stabilisierung. Arbeiter und Arbeiterbewegung in der Weimarer Republik 1918 bis 1924, Berlin/Bonn 1984.
Ders., Der Schein der Normalität. Arbeiter und Arbeiterbewegung in der Weimarer Republik 1924 bis 1930, Berlin/Bonn 1985.

Friedrich Ebert wurde am 4. Februar 1871 als Sohn des Schneidermeisters Karl Ebert und seiner Frau Katharina, geb. Hinkel, in der Heidelberger Pfaffengasse (zweites Haus links) geboren.

2. Die Erziehung eines deutschen Arbeiterführers (1871 bis 1900)

Kindheit und Jugend

Kindheit und Jugend Friedrich Eberts liegen weitgehend im dunkeln: Hält man sich den sozialen Hintergrund seiner Familie vor Augen, so ist dies auch nicht weiter verwunderlich. Ein wohlmeinender, freilich auch sehr phantasievoller Biograph hat aus den sehr bruchstückhaften gesicherten Informationen ein farbiges Gemälde von Friedrich Eberts Kindheit und Jugend, den ihn prägenden Einflüssen, seinen Wünschen und Hoffnungen und seinen Enttäuschungen entworfen, dessen Realitätsgehalt sich nur schwer überprüfen läßt. Was wir tatsächlich wissen, sind dürre Fakten: Friedrich Ebert wurde am 4. Februar 1871 als viertes von sechs Kindern des Schneidermeisters Karl Ebert und seiner Ehefrau Katharina, geb. Hinkel, die beide aus kleinbäuerlichen Familien stammten, in Heidelberg geboren. Obwohl der Vater wenigstens zeitweise mehrere Gesellen und Lehrlinge beschäftigte, scheint die wirtschaftliche Lage der Familie nie besonders günstig gewesen zu sein. Einen bescheidenen Wohlstand hat es wohl gegeben und akute Not, Hunger und Krankheit, wie sie in proletarischen Familien in jenen Jahren häufig anzutreffen waren, hat Ebert jedenfalls in seiner Familie nicht erleiden müssen. Und auch regelmäßige Arbeit schon in Kinderjahren und während der Schulzeit, ein anderes Übel, dem Kinder aus proletarischen Familien damals sehr häufig ausgesetzt waren, hat er nicht zu verrichten gehabt.

Von Ostern 1877 bis Oktober 1885 besuchte Ebert die achtjährige Volksschule. Bei der Einschulung waren in seiner Klasse rd. 60 Schüler, und noch am Ende der Schulzeit waren es mehr als 40. Die wenigen Zeugnisse, die aus seiner Schulzeit erhalten sind, weisen ihn als einen mittelmäßigen Schüler aus, der weder positiv noch negativ besonders auffiel, soweit Lehrer bei solchen Klassenfrequenzen überhaupt zu einer rational überprüfbaren Beurteilung fähig waren.

In zahlreichen Erinnerungswerken über Ebert ist immer wieder hervorgehoben worden, daß er als Kind den Wunsch gehabt haben soll, einmal studieren zu können. In diesem Zusammenhang wird dann auch erwähnt, daß der katholische Pfarrer, der Ebert kommuniert hat und bei dem er wahrscheinlich auch kurzfristig Ministrant gewesen ist, ihm angeboten haben soll, Priester zu werden. Diese Geschichte klingt nicht unwahrscheinlich, denn damals wie heute erfolgte die Rekrutierung des

Priesternachwuchses häufig in der Weise, daß die Gemeindepfarrer begabten Söhnen von Bauern-, Kleinbürger- und Arbeiterfamilien den Weg zu einer höheren Bildung über das Theologiestudium eröffneten. Freilich ist diese Geschichte genauso wenig überprüfbar wie der angeblich früh geäußerte, aber unerfüllbare Wunsch Eberts nach einer höheren Bildung. Vieles spricht dafür, daß es sich hierbei um eine Rückprojizierung später aufgetretener Wünsche und Bedürfnisse handelt. Denn in seinem späteren Leben hat es Ebert wohl manches Mal als einen großen Nachteil empfunden, sich Wissen und Fähigkeiten als Erwachsener mühevoll aneignen zu müssen, die er als Schüler und Student hätte einfacher erlernen können. Daneben wird verständlicherweise die Tatsache eine Rolle gespielt haben, daß Mitglieder der sogenannten gebildeten Schichten – da machten bisweilen auch Mitglieder der eigenen Partei keine Ausnahme – Ebert häufig mit verletzender Herablassung behandelten, so daß er sich im Bewußtsein seiner eigenen Fähigkeiten wohl häufig gewünscht hätte, auch formal die Gleichberechtigung als „Studierter" zu besitzen. Aber in der Gesellschaftsschicht, aus der Ebert stammte, war es nur in den seltensten Ausnahmen und unter ganz besonders günstigen familiären und äußeren Umständen üblich, eine höhere Schulbildung oder gar ein Studium anzustreben. Auch wurde in der Schule wenig getan, um besonders begabte Schüler zu fördern bzw. gezielt Begabungen erst einmal zu wecken und dann von seiten der Schule auf die Eltern einzuwirken, daß sie ihre Kinder auf eine höhere Schule schickten. Und wenn man zusätzlich bedenkt, daß jede Schulbildung, die über die achtjährige Volksschule hinausging, von den Eltern erhebliche finanzielle Aufwendungen erforderte, so wird deutlich, daß es für Eberts Eltern mit ihren sechs Kindern außer Frage stand, auch nur einen Sohn zur höheren Schule zu schicken. Und wer die heute als Gedenkstätte dienende elterliche Wohnung in der Heidelberger Pfaffengasse gesehen hat, wird sich schwer vorstellen können, wie in diesen beengten Wohnverhältnissen die notwendige Ruhe für geistige Arbeit zu finden gewesen wäre.

Lehrzeit und politisches Erwachen

Es ist bedauerlich, daß wir so wenig über Kindheit und Schulzeit Eberts wissen, da Erlebnisse und Erfahrungen aus diesen Jahren häufig eine für das ganze Leben wirkende Prägekraft besitzen. Immerhin aber scheint es so, als ob seine Berufswahl, nämlich die Lehre bei einem Heidelberger Sattlermeister, neben anderen, fremdbestimmten Ursachen auch etwas damit zu tun hatte, daß er als Kind häufiger kleine Aushilfsarbeiten in einer nahe der elterlichen Wohnung gelegenen Lohnkutscherei übernommen hatte. Die Lehrzeit, über deren Ablauf Konkretes ebenfalls nicht zu erfahren ist, hat offensichtlich eine entscheidende Rolle in seiner Erziehung gespielt durch die negativen Erfahrungen, die er dort machte. Als 14jähriger begann er 1885 die Lehre und verließ sie 1888 als gerade 17jähriger vier Wochen vor Ablauf der Lehrzeit. Äußerlicher Anlaß war eine Ohrfeige seines Meisters – die Quellen streiten, ob tatsächlich vollzogen oder nur angedroht: Es ist aber sehr schwer vorstellbar, daß Ebert gegen den erklärten Willen seines Vaters mit einer solchen Hartnäckigkeit seine Entscheidung, die Lehre nicht zu beenden und sich damit die vorgezeichnete kleinbürgerliche Existenz als Handwerker zu verbauen, aufrechterhalten hätte, wäre das genannte Ereignis der einzige Grund gewesen. Vielmehr dürfte er in seiner Lehrzeit die Unzulänglichkeit der damaligen beruflichen Ausbildung in aller Deutlichkeit erfahren und erlitten haben, eine Unzulänglichkeit, die er wenige Jahre später in seiner Schrift über „Die Lage der Arbeiter im Bremer Bäckergewerbe" mit scharfen Worten und mit dem Wissen des selbst Betroffenen angegriffen hat. Die hervorstechendsten Merkmale der damaligen Lehrlingsausbildung waren lange Arbeitszeiten, Verrichtung zahlloser nicht mit dem Ausbildungsberuf zusammenhängender Tätigkeiten und, soweit die Lehrlinge bei den Meistern wohnten, menschenunwürdige Unterbringung und häufig auch sehr schlechte Ernährung. In Eberts Fall scheinen vor allem die ungenügende Ausbildung und die fehlenden menschlichen Qualitäten seines Meisters den Ausschlag gegeben zu haben, sich gegen diese Zustände aufzulehnen und die Lehre kurz vor ihrem Abschluß abzubrechen. Sicherlich handelte es sich dabei zunächst nur um eine individuelle Rebellion, doch wird man nicht fehlgehen, wenn man diesen ganz persönlichen Erfahrungshintergrund als ein wesentliches Motiv für die später immer wieder gezeigte Entschlossenheit ansieht, sich nicht mit gegebenen Zuständen abzufinden, sondern sich zur Wehr zu setzen und nach Mitteln und Wegen zur Verbesserung zu suchen.

Nach dem Abbruch seiner Lehre ging Ebert auf Wanderschaft. Sie führte ihn in den Jahren 1888 bis 1891 durch das südliche und westliche Deutschland, nach Karlsruhe, München, Mannheim, Kassel, Hannover, Braunschweig, Elberfeld, Remscheid, Quakenbrück und schließlich nach Bremen. Es war nicht nur jugendliche Ruhelosigkeit, die ihn von einem Ort zum anderen trieb, sondern abgesehen von der damaligen schwierigen ökonomischen Lage, die immer wieder Arbeitslosigkeit nach sich zog, vor allem Ergebnis der Tatsache, daß Ebert im Frühjahr 1889 in die Sozialdemokratische Partei und in die Gewerkschaft der Sattler eingetreten war und sich bald an seinen jeweiligen Arbeitsstellen als Agitator und Organisator für Partei und Gewerkschaft betätigte.

Herangeführt an die Sozialdemokratie und die gewerkschaftliche Arbeit wurde Ebert bei seinem Aufenthalt in Mannheim durch den Stiefbruder seines Vaters, den Schneider und damaligen Gastwirt Wilhelm Strötz, der seit der Mitte der 70er Jahre in der Mannheimer Arbeiterbewegung eine nicht unwichtige Rolle spielte. Manches spricht dafür, daß es Strötz war, der Ebert deutlich gemacht hat, daß seine individuellen Probleme und Erfahrungen auch gesellschaftlich und politisch bedingt waren, daß Abhilfe nicht durch individuelle Rebellion, sondern nur durch kollektives solidarisches Handeln erreicht werden konnte. Bei Strötz hat Ebert wohl auch zum ersten Mal systematischer sozialistische Schriften kennengelernt; es gibt manche Anhaltspunkte dafür, daß Ebert in dieser Zeit zumindest einiges von Marx und Engels (möglicherweise aber auch nur die gerade 1887 erstmals veröffentlichte Marx-Popularisierung von Karl Kautsky „Karl Marx' ökonomische Lehren") und gewiß auch einige Schriften von Ferdinand Lassalle gelesen hat. Und sicher dürfte die Beschäftigung mit den sozialistischen Theoretikern auch eine Funktion für die Verfestigung sozialistischer Überzeugungen bei Ebert gehabt haben und damit auch für die Gewinnung eines festen politischen Standorts, aber es muß doch zweifelhaft erscheinen, ob Ebert jemals tiefer in die marxistische Theorie eingedrungen ist oder sich dafür überhaupt intensiver interessiert hat. Prägender waren sicherlich für seine politische Bildung die regelmäßige Lektüre der Parteizeitung „Sozialdemokrat", die damals noch in London erschien und trotz des Verbots unter häufig abenteuerlichen Umständen nach Deutschland geschmuggelt wurde und hier eine weite Verbreitung fand, sowie persönliche Kontakte zu älteren Parteimitgliedern und schließlich das tagtägliche Erleben sozialer und politischer Ungerechtigkeiten und die staatlichen und gesellschaftlichen Unterdrückungsmaßnahmen gegen die Arbeiterschaft.

Der eigene Erfahrungshorizont bestimmte daher auch weitgehend die ersten politischen und gewerkschaftlichen Aktivitäten Eberts. Ohne den Schutz und die Hilfe einer eigenen Organisation mußten die Arbeiter gerade in einem so stark handwerklich geprägten Gewerbe wie dem der Sattler vollständig der Willkür der Arbeitgeber ausgeliefert bleiben, wollte man also ihre Lage verbessern – und das hieß konkret, ihre Löhne und Arbeitsbedingungen zu heben –, konnte dies nur durch gewerkschaftliche Organisation geschehen. Wo immer Ebert in den Jahren zwischen 1889 und 1891 auf seiner Wanderschaft durch Deutschland Station machte, beteiligte er sich an der gewerkschaftlichen Arbeit und gründete dort, wo er keine Stützpunkte des Sattlerverbandes vorfand, neue Zweigstellen, organisierte auch einen erfolgreichen Arbeitskampf seiner Berufskollegen in Kassel und zahlte dafür bald den damals üblichen Preis: Als „gefährlicher“ Agitator wurde er von den Arbeitgebern auf ihre „schwarzen Listen“ gesetzt und fand daher nur noch unter immer größeren Schwierigkeiten Arbeit in seinem Beruf.

Organisator und Agitator für SPD und Gewerkschaften in Bremen

Als der 20jährige Ebert im Mai 1891 nach Bremen kam, hatte er sich im Sattlerverband schon einen gewissen Ruf als entschlossen handelnder, pragmatisch denkender Organisator gemacht. Das war übrigens nicht allzuschwer, denn Anfang der 90er Jahre waren nur wenig mehr als 1000 Mitglieder im Sattlerverband organisiert. Parallel zur Gewerkschaftsarbeit hatte sich Ebert auf seiner Wanderschaft auch immer für die Sozialdemokratische Partei engagiert, so hatte er bei der Reichstagswahl des Jahres 1890 im Wahlkreis Hannover-Stadt und an der Jahreswende 1890/91 bei einer Nachwahl im Wahlkreis Bochum-Stadt an der Organisation und Durchführung des Wahlkampfes mitgewirkt. Es wäre übertrieben, wenn man in diesen Aktivitäten etwas Außergewöhnliches sähe, sie aus der Rückschau uminterpretierte in den planmäßig erfolgenden Aufbau einer Partei- und Gewerkschaftskarriere oder in ihnen gar die Vorzeichen einer großen politischen Laufbahn sehen wollte, die bis an die Spitze des Deutschen Reiches führte. Vielmehr muß man sich darüber im klaren sein, daß Partei und Gewerkschaften unter ihren Mitgliedern Tausende besaßen, die freiwillig solche Aufgaben übernahmen, daß ihre Entwicklung auch ohne die Mithilfe solcher opferbereiter Mitglieder gar nicht möglich gewesen wäre. Das einzige, was sich aus den beschriebenen Aktivitäten für Ebert persönlich ablesen läßt, ist die Tatsache, daß er sich in die große Schar der aktivistischen Mitglieder eingereiht hatte und mit ihnen die Bereitschaft teilte, sich hartnäckig und unbeirrbar, auch persönliche Opfer nicht scheuend, für die als richtig erkannte Sache, für die Ziele der Sozialdemokratischen Partei und der freien Gewerkschaften einzusetzen.

Die ersten Monate von Eberts Leben in Bremen verliefen nach dem schon bekannten Muster; kaum hatte er, unterstützt durch Parteigenossen, Arbeit und Wohnung gefunden, stürzte er sich in das gewerkschaftliche und sozialdemokratische Vereinsleben der Hansestadt. Im Juni 1891 wurde er zum Vorsitzenden der Bremer Zweigstelle des Sattlerverbandes gewählt, bald darauf auch zum Vorsitzenden des damals noch informellen

Ebert als 19jähriger. Seine Wanderschaft als Handwerksbursche führte ihn nach Mannheim, Frankfurt/M., Kassel, Hannover, Braunschweig, Elberfeld und Quakenbrück; sie war bereits durch politische sowie gewerkschaftliche Tätigkeit im Fachverein der Sattler geprägt.

Ortskartellvorstandes der freien Gewerkschaften und wurde von Partei und Gewerkschaften als Redner herangezogen, wobei er praktisch vor keinem Thema zurückschreckte, wenngleich ein gewisses Schwergewicht auf Fragen der Organisation und allgemeinen wirtschafts- und sozialpolitischen Problemen lag. Diese Betätigung ging nun wohl schon über das übliche Maß einfacher Partei- und Gewerkschaftsmitglieder hinaus, wenn man einem Polizeibericht vom November 1891 vertrauen darf, in dem Ebert als der zur Zeit „eifrigste sozialdemokratische Agitator" in Bremen bezeichnet wurde. Um die Jahreswende 1891/92 sah es jedoch so aus, als ob Bremen für Ebert nur eine unter den vielen Stationen seiner Wanderschaft durch Deutschland bleiben sollte. Wieder einmal drohte ihm wegen seiner politischen und gewerkschaftlichen Betätigung die Entlassung, als er am 1. Januar 1892 an das Sterbebett seines Vaters nach Heidelberg gerufen wurde. Ebert, der nur noch zur Beerdigung rechtzeitig eintraf, verbrachte dann den ganzen Januar in Heidelberg. Er scheint gezögert zu haben, ob er nach Bremen zurückkehren sollte. Soweit sich übersehen läßt, gab der Rat des Bremer Reichstagsabgeordneten und Chefredakteurs der „Bremer Bürgerzeitung", Julius Bruhns, den Ausschlag für seine Rückkehr nach Bremen. Da Ebert seine Arbeitsstelle hatte aufgeben müssen, als er nach Heidelberg fuhr, war zunächst sein dringlichstes Problem, wovon er leben sollte. Arbeit in seinem Beruf fand er nicht sofort und mußte auch befürchten, daß seine Aussichten gering blieben, solange er seine gewerkschaftlichen und politischen Aktivitäten nicht einstellte. Er folgte daher dem Rat eines Parteigenossen und machte sich selbständig. In der Praxis lief dies wohl auf eine durch Gelegenheitsarbeiten nur notdürftig kaschierte Arbeitslosigkeit hinaus, die ihm zwar ausreichend Zeit für seine Partei- und Gewerkschaftsarbeit und auch für eine offensichtlich weitgestreute Lektüre politisch-historischer Literatur ließ, die aber auf Dauer auch für seine schon nicht unbedeutende Position in Partei und Gewerkschaften unzuträglich sein mußte.

Redakteur bei der Bremer Bürgerzeitung

Eine gewisse Besserung seiner ökonomischen Lage kam im März 1893, als er bei der Bremer Bürgerzeitung für ein Wochengehalt von 25 Mark fest angestellt wurde. Das war eine verhältnismäßig gute Bezahlung, jedenfalls besser als die der meisten Facharbeiter, und vor allen Dingen hatte er damit zum ersten Mal ein verhältnismäßig sicheres Einkommen. Die möglichen Nachteile der Stellung als Redakteur wurden Ebert allerdings schon wenig später demonstriert, als er im Mai 1893 kurzfristig die

Chefredaktion übernehmen mußte, weil der Chefredakteur und Reichstagsabgeordnete Bruhns nach der Auflösung des Reichstages eine Haftstrafe wegen Beleidigung antreten mußte. Die Gefahr, wegen Majestäts- oder Beamtenbeleidigung in ein Strafverfahren verwickelt und dann meistens zu einer empfindlichen Haftstrafe verurteilt zu werden, war für Redakteure sozialdemokratischer Zeitungen damals ziemlich hoch, da staatliche Behörden, aber auch Privatpersonen die Beleidigungstatbestände des Strafgesetzbuches systematisch zur Unterdrückung sozialdemokratischer Zeitungen und sonstiger Druckerzeugnisse benutzten und dabei in der Regel von einer klassenspezifisch urteilenden Justiz unterstützt wurden. Allerdings war der Bremer Senat bei der Einleitung von Strafverfahren wegen Majestäts- oder Beamtenbeleidigung weitaus zurückhaltender als etwa preußische Behörden, wie überhaupt die Arbeit der Sozialdemokratischen Partei und der Gewerkschaften in Bremen in geringerem Maße als in anderen Gebieten des Reiches behindert wurde. Immerhin aber blieb doch ein ziemlich hohes Risiko für jeden Redakteur von Parteizeitungen, wie sich unschwer aus den Memoiren sozialdemokratischer Redakteure erschließen läßt, und hinzu kam, daß häufig die Neigung bei den Zeitungen bestand, sich einen Angestellten zu halten, der ironisch als „Sitzredakteur“ bezeichnet wurde, weil er prinzipiell die presserechtliche Verantwortung für alle Artikel zu übernehmen hatte, bei denen die Gefahr einer strafrechtlichen Verfolgung bestand. Und dies war meist das jüngste Redaktionsmitglied. Ob solche oder andere persönliche Gründe oder aber auch die schlechte ökonomische Lage der Zeitung für Eberts Ausscheiden aus der Redaktion im Frühjahr 1894 maßgebend waren, läßt sich nicht zweifelsfrei entscheiden.

Ebert wird „Parteiwirt“ und Famliengründung

Im April 1894 akzeptierte Ebert das Angebot des Direktors der Haake-Beck-Brauerei, Schurig, und übernahm eine Gastwirtschaft als Pächter. Daß er diesen neuen Beruf sehr geschätzt hat, kann man bezweifeln, zumindest später hat er es vermieden, diese Tätigkeit, mit der er immerhin bis zum Ende des Jahres 1899 seinen Lebensunterhalt verdiente – und wohl gar nicht schlecht, da seine Gaststätte als Versammlungslokal für Partei und Gewerkschaften diente – in seinen offiziellen biographischen Angaben, z. B. für das Reichstagshandbuch 1912 oder in der für die Presse bestimmten autobiographischen Aufzeichnung nach seiner Wahl zum Reichspräsidenten, auch nur zu erwähnen. Gastwirt ist Ebert nur notgedrungen geworden, vielleicht auch deswegen, weil ihm dadurch die

Gründung einer Familie möglich wurde. Anfang Mai 1894 heiratete er die damalige Hausangestellte und Fabrikarbeiterin Louise Rump (geb. 1873, gest. 1955), die ebenfalls in der Bremer Gewerkschaftsbewegung aktiv gewesen war. Aus dieser Ehe gingen vier Söhne, von denen zwei im Ersten Weltkrieg fielen, und eine Tochter hervor. Über Eberts Familienleben wissen wir weder aus diesen noch aus späteren Jahren sehr viel; vereinzelt erhaltene Briefe an seine Kinder und seine eigenen Geschwister sowie Erinnerungen von nahen Freunden deuten ein gutes, sehr herzliches Verhältnis innerhalb der Familie an, obwohl er im Laufe der Jahre immer weniger Zeit für die Familie gehabt haben dürfte. An seiner Frau hat Ebert wohl immer eine verläßliche Stütze gehabt; sie scheint ihm, der schon in jungen Jahren das Leben einer Person von öffentlichem Interesse führte, wenigstens einen Rest von Privatleben erhalten zu haben. Als Ebert Reichspräsident geworden war, hat ihn seine Frau bei der Wahrnehmung der Amtspflichten würdevoll und doch ganz unprätentiös unterstützt. Louise Ebert, deren Lebensweg vom Hausmädchen und der Fabrikarbeiterin über die im Hintergrund wirkende Mutter von fünf Kindern hin zu der im Rampenlicht stehenden Gattin des Reichspräsidenten führte, war ihrem Manne in vieler Hinsicht sehr ähnlich: Geradlinig, pflichtbewußt und frei von Eitelkeiten stellte sie sich den Aufgaben, die auf sie zukamen. Wir wissen natürlich nicht, ob sie in ihrem Leben, dessen Gestaltung zunehmend von den Aufgaben ihres Mannes bestimmt wurde, die gewünschte Erfüllung gefunden hat, ob ihr nicht ein einfacheres, weniger herausgehobenes Leben lieber gewesen wäre. Aber selbst wenn dies so sein sollte, es bleibt die Tatsache, daß sie ihrem Mann in den fast 31 Jahren ihrer Ehe stets Hilfe und Rückhalt gewesen ist.

Politische Lehrjahre in Bremen

Zu Recht ist hervorgehoben worden, daß Ebert in den ersten Jahren seiner Bremer Tätigkeit bei der Agitation für die Sozialdemokratische Partei und die Gewerkschaften die ideologischen Positionen der Parteimehrheit uneingeschränkt übernahm. Besonders deutlich wurde das bei den Auseinandersetzungen um die sogenannten „Jungen“ und um die reformistischen Ideen Georg v. Vollmars. In beiden Fällen bekämpfte er die hierbei auftretenden Abweichungen von der Parteilinie. Er hatte offenbar keinerlei Probleme dabei, die im Erfurter Programm von 1891 erfolgte Übernahme eines prinzipiell marxistischen Gesellschaftsentwicklungsmodells mit dem zugleich von der Parteiführung vertretenen parlamentarischen Weg zur Eroberung der Macht zu vereinbaren. Jedenfalls spiegelten seine

Reden zum Erfurter Programm getreulich die Haltung der Parteiführung und ließen nicht erkennen, daß er über die Inkonsequenzen solcher Vorstellungen reflektiert hätte, die für die praktische Arbeit den parlamentarischen Weg propagierten, zugleich aber auf den mit Naturnotwendigkeit erfolgenden Zusammenbruch des kapitalistischen Systems vertrauten, der in eine soziale Revolution einmünden müsse.

Hieraus freilich Rückschlüsse auf Eberts eigene ideologische Position und deren mögliche Wandlungen ziehen zu wollen, erscheint reichlich gewagt. Bei aller Bedeutung, die Ebert schon in den Jahren 1891 bis 1894 für die Bremer Partei und Gewerkschaften als ein rastlos arbeitender Agitator und schlagfertiger Debattenredner besaß, war er immer noch ein sehr junger Mann, politisch eher ein Lehrling, auf der Suche nach einer eigenen Position; sich der Hauptströmung der Partei anzuschließen, zumal diese auch von den einflußreichsten Bremer Mitgliedern wie etwa Julius Bruhns vertreten wurde, lag nahe und ist keineswegs besonders bemerkenswert. Wichtiger scheint es schon, daß Ebert in diesen Auseinandersetzungen, wie auch in vielen anderen Agitationsreden, nicht so sehr auf die ideologischen Gegensätze einging, sondern daß er Abweichungen von der einmal beschlossenen Parteilinie vor allem wegen der möglichen Folgen für den inneren Zusammenhalt der Partei und ihre werbende Kraft nach außen verurteilte. Noch ehe er der Organisation als hauptamtlicher Mitarbeiter angehörte, war er ein Mann der Organisation. Auch diese Einstellung war an sich nicht außergewöhnlich, denn die Wertschätzung der Partei und der Gewerkschaften, die in einer sonst feindlichen Umwelt so etwas wie Geborgenheit und Zusammengehörigkeitsgefühl vermittelten, war weit verbreitet unter den Mitgliedern und machte sie allergisch gegen alle Strömungen innerhalb der Partei oder der Gewerkschaften, die scheinbar oder tatsächlich die Geschlossenheit der Organisationen gefährdeten. Ebert freilich hat diese Einstellung frühzeitig rationalisiert, nicht sentimentale Gründe, sondern die nüchterne Analyse der Machtfrage bestimmten seine Position. Er war überzeugt, daß es nur eine einzige reale Garantie dafür gab, den politischen und wirtschaftlichen Gegnern der Arbeiterbewegung Zugeständnisse abzuringen, und das waren Stärke, Geschlossenheit und dauerndes Wachstum der Organisationen der Arbeiterbewegung. Jede interne Auseinandersetzung bedeutete da einen Reibungsverlust, einen Verschleiß von Kräften, die besser auf den Kampf gegen den politischen Gegner konzentriert wurden.

Solche Vorstellungen lassen sich schon in der Untersuchung über „Die Lage der Arbeiter im Bremer Bäckergewerbe" ausmachen; denn nicht die in konventionellen, und das hieß damals in prinzipiell marxistischen Redewendungen vorgetragene Analyse der wirtschaftlichen und technischen Entwicklungen im Bäckergewerbe, machen diese Agitationsschrift für Eberts persönliche politische Entwicklung zu einem wichtigen Zeugnis, sondern die Überlegungen zur gewerkschaftlichen Organisation und die Methoden, die er für die Analyse der Lage der Bäckergesellen anwandte. Letzterer Aspekt verdient einige Aufmerksamkeit. Ebert gab sich nicht mit allgemeinen Redensarten über die soziale Lage der Arbeiter zufrieden, sondern legte diesen einen detaillierten Fragebogen zur Beantwortung vor, um so zu möglichst präzisen und zugleich generalisierbaren Aussagen zu gelangen. Er verschwieg in der Veröffentlichung auch nicht, daß nur wenig mehr als ein Viertel der Befragten sich zu einer Antwort bereit gefunden hatte, und ermöglichte damit kritische Einwände gegen seine Ergebnisse, ein Verfahren, das in damaligen sozialwissenschaftlichen Untersuchungen keineswegs immer angewandt wurde. Das bemerkenswerte hieran ist, daß Ebert, ohne je auch nur Ansätze zu einer wissenschaftlichen Ausbildung erfahren zu haben, von sich aus zu einem wissenschaftlichen Kriterien standhaltenden methodischen Konzept bei seiner Untersuchung gelangte. Auch wenn man bedenkt, daß mit August Bebels berühmter Untersuchung über das Bäckergewerbe aus dem Jahre 1890 ein inhaltlich und methodisch wegweisendes Vorbild zur Verfügung stand, sollte man die Leistung des bei der Abfassung erst 20jährigen Ebert nicht gering schätzen. Denn eine bloße Kopie des großen Vorbilds war seine Untersuchung nicht, sondern Ebert hatte für seine Erhebung Fragen und Auswertung eigenständig gestaltet.

Das methodische Vorgehen, das er hier erstmals an den Tag legte, hat Ebert bei allen späteren Reden und Veröffentlichungen angewandt; nie wurde von ihm nur aufgrund von Vermutungen dahergeredet oder geschrieben, sondern, ob man nun seine Reden in der Bremer Bürgerschaft oder im Reichstag, seine Rechenschaftsberichte auf Parteitagen oder vor seinen Wählern überprüft, immer waren sie bis in alle Einzelheiten sorgfältig vorbereitet, und wer sich auf seine Aussagen verließ, lief nicht Gefahr, einer unzuverlässigen Quelle zu folgen. Solche Gründlichkeit verbunden mit unermüdlichem Einsatz und einer bisweilen scharfzüngigen, sich des Stilmittels der Ironie vollendet bedienenden Rednergabe verschafften ihm frühzeitig Anerkennung durch die Bremer Partei- und Gewerkschaftsmitglieder und damit auch die ersten wichtigeren Wahlpositionen in der Partei: 1893 wurde er in die Pressekommission für die Bremer Bürgerzeitung gewählt, im März 1894 zum Parteivorsitzenden in Bremen, ein Amt, das er allerdings nur 1894 und 1895 ausübte, 1897 zum Vorsitzenden der Landagitationskommission für die von Bremen zu betreuenden hannoverschen Reichstagswahlkreise und nach deren Auflösung 1902 zum Mitglied des Bremer Parteivorstandes. 1896 wurde er erstmals als Bremer Delegierter zum Parteitag entsandt.

Vom Agitator zum Sozialpolitiker

Nach der Übernahme der Gastwirtschaft und seiner Heirat im Jahre 1894 vollzog sich ein Wandel in den Aktivitäten Eberts. Er widmete sich nun weniger bloß agitatorischen Aufgaben, wenngleich er weiterhin bei den Wahlkämpfen für die Bremer Bürgerschaft seit 1896 eine führende Rolle spielte und auch als Kandidat in dem oldenburgischen Wahlkreis Vechta bei den Reichstagswahlen 1898 zahllose, natürlich wirkungslose Wahlreden hielt; denn dieser erzkatholische Wahlkreis war eine absolut sichere Hochburg der katholischen Zentrumspartei, in dem der Kandidat jeder anderen Partei und schon gar derjenige der Sozialdemokraten einen völlig aussichtslosen Kampf focht. Das wußte selbstverständlich auch Ebert, aber wie die vielen anderen sozialdemokratischen Reichstagskandidaten in solchen Wahlkreisen focht er erbittert um die wenigen Stimmen, die hier zu gewinnen waren, um der Sozialdemokratie einen Überblick über die gesamte Anhängerschaft im Reichsgebiet zu verschaffen. Wenn die Partei ihn für solche Aufgaben in die Pflicht nahm, folgte er deren Ruf.

Sein eigentliches Arbeitsgebiet aber wurde – neben einer zunehmend intensiveren Beschäftigung mit Fragen der inneren Entwicklung der Partei – die Sozialpolitik, wo er eine umfangreiche Beratungstätigkeit für die gewerkschaftlich organisierten Arbeiter Bremens durchführte. Diese Arbeit erforderte von ihm einen hohen Zeitaufwand: Er mußte sich in die historischen, rechtlichen und politischen Grundlagen dieses für die Arbeiterschaft so wichtigen Bereichs der Politik erst einarbeiten, und jeder einzelne Besucher – und bald war seine Gaststätte von diesen überfüllt – hatte nach seiner Überzeugung Anspruch auf eine gründliche, den individuellen Umständen entsprechende Beratung. Solche praktische Hilfe aber beeinflußte auch Eberts eigene politische Vorstellungen. Zum einen brachte sie ihn in Berührung mit staatlichen Behörden und nichtsozialdemokratischen Organisationen, gab ihm Einblick in deren Funktionsweise und deren Zielsetzungen, zum anderen machte sie ihn immer wieder vertraut mit den drängendsten wirtschaftlichen und sozialen Problemen der Menschen, für die die Sozialdemokratie kämpfte.

Dieser hautnahe Kontakt mit der Arbeiterschaft, mit ihren Sorgen und Nöten, mit ihren Wünschen und Hoffnungen, wirkte prägend auf Ebert. Seine ursprünglich auf individueller Erfahrung und eher abstrakter Rezeption sozialistischer Schriften beruhende Einstellung zu diesen

Problemen gewann so an Tiefenschärfe und ließ ihn genauer erkennen, wo und mit welchen Mitteln Abhilfe geschaffen werden mußte. Vor allem aber verstärkte sich seine Auffassung, daß es Aufgabe staatlicher Intervention sein mußte, die Folgen von Arbeitslosigkeit, Krankheit, Erwerbsunfähigkeit im Alter oder auch von unzureichenden Wohnverhältnissen proletarischer Familien zu beheben. Solche Überzeugungen implizierten naturgemäß die Wahrnehmung aller Chancen, die der bestehende Staat gab: Und dies hieß in erster Linie Beteiligung an Wahlen, Kampf um Mandate und Stimmen, um so direkt und indirekt Druck auf den politischen Gegner ausüben zu können, damit wenigstens die übelsten Mißstände behoben wurden. In Bremen bedeutete dies für Ebert eine entschlossene Bekämpfung des dort herrschenden Liberalismus, der nicht nur nach Eberts Überzeugung den dringendsten sozialen Problemen völlig verständnislos gegenüberstand und der sich seine Vorherrschaft durch ein Achtklassenwahlrecht für die Bürgerschaft sicherte, das in seinen Konsequenzen noch reaktionärer als das vielzitierte preußische Dreiklassenwahlrecht war.

Eberts Position in den ideologischen Auseinandersetzungen innerhalb der Sozialdemokratie

Freilich zogen Beteiligung an Wahlen, Bereitschaft zur Mitarbeit in Parlamenten und Versuche zur Durchsetzung eigener Ziele auch eine gewisse Anerkennung des bestehenden Staates und Kompromisse mit anderen politischen Kräften nach sich. Auch wurde die unter dem Sozialistengesetz zunächst aufgezwungene, dann aber verinnerlichte und zum Kampfinstrument umgeformte Abkapselung von Sozialdemokratie und Gewerkschaften von ihrer „bürgerlichen“ Umwelt hierdurch in Frage gestellt, und wenigstens Ansätze zu einer Integration in die bestehende Gesellschaft waren unausweichlich. Solche Entwicklungen stellten die Partei vor ein Dilemma; einerseits wollten ihre aktiven Mitglieder – wenigstens mehrheitlich – aus ihrer zunehmenden Stärke auch reale Gewinne für die Arbeiterschaft ziehen, andererseits brachte jede Mitarbeit im bestehenden Staat auch ein Stück Anerkennung für diesen durch die Partei mit sich und entfernte die Partei ein Stück mehr von dem Endziel der sozialen Revolution. Überspielt wurde dieses Dilemma von der Parteiführung unter Bebel durch konsequentes und unnachgiebiges Festhalten an dem im Prinzip marxistischen Parteiprogramm von Erfurt, das zunehmend dogmatisiert wurde, während die Parteiführung gleichzeitig ebenso konsequent und unbeirrt an ihrer

Bereitschaft zur praktischen Mitarbeit in allen für die Arbeiterschaft wichtigen Fragen festhielt. Dabei wurde die marxistische Ideologie allerdings in charakteristischer Weise verformt: Der Zusammenbruch des Kapitalismus wurde zu einem naturnotwendigen Ereignis umstilisiert, auf das die Sozialdemokratie nur geduldig zu warten brauchte. Etwa selber durch Anwendung revolutionärer Taktiken den „großen Kladderadatsch", von dessen Kommen immer die Rede war, herbeizuführen, galt als „Putschismus", einer „revolutionären" Partei wie der Sozialdemokratie als nicht würdig. D. h. die Parteiführung kultivierte eine radikale, revolutionäre Theorie, dachte aber keineswegs daran, in der politischen Praxis deren Maximen zu folgen, sondern betrieb hier eine auf dem Prinzip der kleinen Schritte beruhende Politik.

Die Unzufriedenheit mit diesem Widerspruch von Theorie und Praxis hatte schon 1891 die Opposition Georg v. Vollmars und seiner reformistischen Anhänger auf der einen Seite und den radikalen Antiparlamentarismus der sogenannten „Jungen" auf der anderen Seite herausgefordert, war aber in beiden Fällen als Abweichung von der Parteilinie mit großer Mehrheit verurteilt worden. Die Herausforderung durch Eduard Bernsteins Infragestellung der Grundlagen der marxistischen Theorie im Jahre 1899 und die wenig später durch die Radikalen um Rosa Luxemburg vorgetragenen Angriffe auf die reformistische Praxis des Parteivorstandes machten deutlich, daß die Inkonsequenzen von Theorie und Praxis auf die Dauer zu starken Spannungen innerhalb der Partei führen mußten. Die Parteiführung allerdings fühlte sich durch diese Abweichungen von der eigenen theoretischen Position eher bestärkt, diese in jedem Falle aufrechtzuerhalten, und ließ jeweils mit den Stimmen der Radikalen bzw. der Revisionisten auf den Parteitagen die revisionistischen bzw. radikalen Abweichler niederstimmen. Ebert hat in diesen Auseinandersetzungen, an deren Austragung er zunächst als Parteitagsdelegierter seit 1899 aktiv beteiligt war, stets die zentristische Position des Parteivorstandes vertreten; d. h., er hielt konsequent fest an der Idee des Klassenkampfes, an der Überführung der Produktionsmittel in Gemeineigentum, an der Vorstellung vom Zusammenbruch des kapitalistischen Wirtschaftssystems; zugleich aber blieb für ihn in der praktischen Arbeit die Verbesserung der Lebensbedingungen der arbeitenden Klasse das oberste Ziel. Daneben aber begann er sich zunehmend kritischer über die Kräfte absorbierenden theoretischen Auseinandersetzungen zu äußern, meinte in seinem Bericht über den Parteitag von 1899, auf dem der Revisionismusstreit die Verhandlungen weitgehend beherrscht hatte, die Sozialdemokratie habe „wohl etwas Besseres zu tun, als sich fortgesetzt zum Tummelplatz von theoretischen Streitigkeiten zu machen". Vieles spricht dafür, daß seine

Familienbild, um 1898. Ebert mit seiner Frau Louise und (von links nach rechts) den Söhnen Friedrich (geb. 1894), Georg (geb. 1896) und Heinrich (geb. 1897). 1899 wurde ein weiterer Sohn, Karl, und 1900 eine Tochter, Amalie, geboren. Georg und Heinrich fielen im Ersten Weltkrieg, Louise Ebert starb am 18. Januar 1955.

Bereitschaft, die zentristische Position des Parteivorstandes zu akzeptieren und zu unterstützen, vor allen Dingen damit zusammenhing, daß er hierdurch die theoretischen Kontroversen einzudämmen und Freiraum für die ihm wichtiger erscheinende praktische Arbeit zu gewinnen hoffte, eine Einstellung, die sich mit der Ende 1899 erfolgenden Veränderung in seinen äußeren Lebensumständen – Wahl zum ersten Leiter des Bremer Arbeitersekretariats und Aufgabe des Gastwirtsberufes sowie Wahl in die Bremer Bürgerschaft – noch verstärkt hat.

Zitierte und weiterführende Literatur

Joseph Belli, Die rote Feldpost unter dem Sozialistengesetz. Hrsg. u. eingel. v. Hans J. Schütz, Berlin–Bonn 1978.

Eduard Bernstein, Die Voraussetzungen des Sozialismus und die Aufgaben der Sozialdemokratie, Stuttgart/Berlin 1899 (letzter Neudruck Berlin–Bonn 1984).

Friedrich Ebert, Die Lage der Arbeiter im Bremer Bäckergewerbe, Bremen 1892.

Emil Felden, Eines Menschen Weg. Ein Fritz-Ebert-Roman, Bremen 1927.

Ernst Fraenkel, Zur Soziologie der Klassenjustiz, Berlin 1927.

Karl Kautsky, Das Erfurter Programm. In seinem grundsätzlichen Teil erläutert, Stuttgart-Berlin 1892 (Neudruck Berlin–Bonn 1974).

Ders., Sozialdemokratischer Katechismus, in: Neue Zeit XII (1893).

Jochen Loreck, Wie man früher Sozialdemokrat wurde, Bonn-Bad Godesberg 1977.

Peter Lundgreen, Sozialgeschichte der deutschen Schule im Überblick. Teil I: 1770–1918, Göttingen 1980.

Karl Ernst Moring, Die Sozialdemokratische Partei in Bremen 1890–1914. Reformismus und Radikalismus in der Sozialdemokratischen Partei Bremens, Hannover 1968.

Franz Osterroth/Dieter Schuster, Chronik der deutschen Sozialdemokratie. Band I: Bis zum Ende des Ersten Weltkrieges, 2. erw. Aufl. Berlin–Bonn 1975.

Gerhard A. Ritter, Die Arbeiterbewegung im Wilhelminischen Reich. Die Sozialdemokratische Partei und die Freien Gewerkschaften 1890–1900, 2. Aufl. Berlin 1963.

Klaus Saul/Jens Flemming/Dirk Stegmann/Peter-Christian Witt, Arbeiterfamilien im Kaiserreich. Materialien zur Sozialgeschichte in Deutschland 1871–1914, Düsseldorf 1982.

Jörg Schadt, Die Sozialdemokratische Partei in Baden. Von den Anfängen bis zur Jahrhundertwende (1868–1900), Hannover 1971.

Hans-Josef Steinberg, Sozialismus und deutsche Sozialdemokratie. Zur Ideologie der Partei vor dem 1. Weltkrieg, Hannover 1967.

Georg von Vollmar, Über die nächsten Aufgaben der deutschen Sozialdemokratie, München 1891 (wiederabgedruckt in: Georg von Vollmar, Schriften zur Reformpolitik, Berlin–Bonn 1977).

Hartmann Wunderer, Arbeitervereine und Arbeiterparteien. Kultur- und Massenorganisationen in der Arbeiterbewegung (1890–1933), Frankfurt/New York 1980.

3. Der Aufstieg zum Parteivorsitzenden (1900 bis 1913)

Die Gründung des Bremer Arbeitersekretariats

In all den Jahren, die Ebert seit 1891 in Bremen verbracht hatte, war, was den Arbeitsaufwand anging, stets die gewerkschaftliche Arbeit dominierend geblieben. In der Gewerkschaftsbewegung war er durch seine Funktionen als Vorsitzender der Sattler, Vorsitzender und später Mitglied des Ortskartellvorstandes der freien Gewerkschaften, als Organisator der Maifeiern, als Mitinitiator der Forderung nach einer staatlichen Arbeitsvermittlungsbehörde und nach staatlicher Unterstützung der Arbeitslosen genauso fest verankert wie in der Sozialdemokratischen Partei. Als er 1894 seine Gastwirtschaft eröffnete und schon deswegen seine agitatorische Arbeit für die Partei etwas zurückschrauben mußte, wurde er, geleitet von seinen stark humanitär geprägten Interessen, von seinem Wunsch, durch praktische Arbeit seinen Klassengenossen zu helfen, sehr schnell zu einer Auskunftsperson, an die sich jedes Mitglied der Sozialdemokratie und der Gewerkschaften wenden konnte, wenn es Rat und Hilfe beim Umgang mit staatlichen Behörden und den Sozialversicherungen oder bei Streitigkeiten mit Arbeitgebern und Vermietern brauchte. In dieser Tätigkeit, die auf freiwilliger Basis und natürlich kostenfrei erfolgte, spiegelte sich eine notwendige Konsequenz der eigenen Politik. Je mehr staatliche Intervention verlangt wurde, je mehr Gesetze und Verordnungen zur Regelung der Sozialversicherungen und der Arbeitsbedingungen erlassen wurden, desto weniger fanden sich die davon betroffenen Arbeitnehmer in dem Paragraphengestrüpp zurecht, wußten nicht, welche Ansprüche sie eigentlich hatten, wie diese zu wahren waren, wann die Gefahr des Verlustes drohte, und bedurften daher kompetenter Beratung. Diesem überall auftretenden Bedürfnis wurde zuerst 1894 in Nürnberg dadurch entsprochen, daß sich das dortige Ortskartell der Gewerkschaften entschloß, durch Beiträge der einzelnen Gewerkschaften die Anstellung eines ausschließlich mit solchen Beratungsaufgaben beschäftigten Sekretärs zu genehmigen. Diesem Beispiel folgten bald die Gewerkschaftskartelle einer Reihe von größeren Städten, bis im Jahre 1914 in rd. 150 Groß- und Mittelstädten des Reiches solche als Arbeitersekretariate bezeichnete Institutionen bestanden, die seit der Jahrhundertwende von elf Bezirksarbeitersekretariaten mit Sitz in den Städten der Oberversicherungsämter und seit 1903 durch das in Berlin am Sitz des Reichsversicherungsamtes tätige Zentralarbeitersekretariat ergänzt wurden.

Auch in Bremen, wo die Zahl der Gewerkschaftsmitglieder von rd. 3000 im Jahre 1891 auf knapp 10500 im Jahre 1900 angewachsen war, um im Jahre 1912 mit rd. 38000 den Höchststand vor Ausbruch des Ersten Weltkrieges zu erreichen, hat es frühzeitig Bestrebungen zur Errichtung eines Arbeitersekretariats gegeben. Die erste konkrete Anregung ist wohl von Franz Diederich, dem Chefredakteur der Bremer Bürgerzeitung, ausgegangen, aber die schwierige Aufgabe, diese Initiative innerhalb der Gewerkschaftsbewegung Bremens durchzusetzen, übernahmen die Praktiker der Bewegung, und zwar in erster Linie Friedrich Ebert. Zwar wurde die Idee, die Ebert erstmals im April 1897 im Ortskartellvorstand vortrug und dann im Mai 1897 in einer Mitgliederversammlung aller Bremer Gewerkschafter öffentlich vertrat, im Prinzip durch Vorstand und Mitgliedschaft begrüßt; es wurde sogar durch den Ortskartellvorstand im August 1897 die Gründung eines Arbeitersekretariats für Bremen beschlossen, das neben der „Auskunftserteilung in sozialpolitischen und rein juristischen Fragen" auch eine „den Interessen der bremischen Arbeiterschaft dienende Sozialstatistik" durchführen sollte. Nur ausgeführt wurde dieser Beschluß nicht, da die Einzelgewerkschaften in der Finanzierungsfrage Schwierigkeiten machten. Die zehn Pfennig, die die Einzelgewerkschaften je Mitglied monatlich für das Arbeitersekretariat bezahlen sollten, stellten nämlich einen Großteil der nicht durch Abführungen an die Zentralvorstände bzw. die Ortskartelle gebundenen Einnahmen dar. Auf sie zu verzichten, bedeutete für die ursprünglich allmächtigen lokalen Vereine einen weiteren Machtverlust zugunsten der Zentralvorstände oder der Ortskartelle der Gewerkschaften; und hierzu waren weder die Funktionäre noch die Mitglieder der Einzelgewerkschaften widerspruchslos bereit.

Diesen Widerstand hatte Ebert vorausgesehen; denn er hatte entgegen den Vorschlägen von Diederichs, der sofort die Anstellung eines vollbeschäftigten Sekretärs und die Anmietung von Geschäftsräumen für das Arbeitersekretariat ins Auge gefaßt hatte, für einen bescheideneren Anfang plädiert. Man sollte zunächst einmal ein täglich zwei bis drei Stunden geöffnetes Auskunftsbüro einrichten, dessen Leitung ehrenamtlich oder gegen eine geringe Aufwandsentschädigung erfolgen sollte, und abwarten, wie sich die Geschäftslage entwickeln würde. Dieser Vorschlag war taktisch sehr viel geschickter und sehr viel besser berechnet auf die Mentalität der örtlichen Gewerkschaftsführer, denen durch die Macht der Tatsachen, d.h. schlicht durch nachweisbare Überbeanspruchung des Auskunftsbüros, vor Augen geführt werden mußte, daß ein Bedürfnis von seiten der Mitglieder bestand, das die Verwendung immerhin bedeutender Teile der gewerkschaftlichen Einnahmen für diese Zwecke rechtfertigte. Nachdem der erste Versuch zur Bildung des Arbeitersekretariats am Widerstand der Einzelgewerkschaften bzw. von deren Vorständen gescheitert war, kamen die Vorarbeiten erst einmal zum Stillstand. Erst im Frühjahr 1899 wurde die Frage wieder aufgegriffen, nun aber zunächst durch eine Reihe von Urabstimmungen unter den Gewerkschaftsmitgliedern deren Zustimmung zur Finanzierung des Arbeitersekretariats eingeholt und erst dann die Vorstände der Gewerkschaften erneut mit der Frage befaßt. Als Ergebnis wurde die Bildung des Bremer Arbeitersekretariats zum 1. Januar 1900 und die Anstellung zunächst eines Sekretärs beschlossen.

Ebert wird Arbeitersekretär

Auf die öffentliche Ausschreibung in der „Bremer Bürgerzeitung", im „Vorwärts" und in der „Neuen Zeit" meldeten sich neun Bewerber, von denen zwei in die engste Wahl gezogen wurden: Ebert und der Berliner Gewerkschaftssekretär Millarg. Obwohl bei der Ausschreibung von vornherein betont worden war, daß geeigneten Bremer Bewerbern der Vorzug gegeben werden sollte, war die Wahl kein strahlender Sieg für Ebert: Er erhielt nur 56 Stimmen, sein Gegenkandidat Millarg immerhin 40. Bei dem Abstimmungsverhalten dürfte es auch eine Rolle gespielt haben, daß viele Partei- und Gewerkschaftsmitglieder Ebert persönlich nicht mochten, da er bisweilen sehr wenig konziliant auftrat und es schon passieren konnte, daß er in Diskussionen seine Beherrschung verlor oder mit Ironie und Arroganz gegen seine Kontrahenten vorging. Mit der Bestellung zum Arbeitersekretär trat Ebert endgültig in den Dienst der Arbeiterbewegung: Sein Anfangsgehalt von 2000 Mark im Jahr war zwar nicht besonders hoch für seine bald siebenköpfige Familie, lag allerdings über dem Einkommen auch der bestbezahlten Facharbeiter, und vor allen Dingen konnte er den ungeliebten Gastwirtsberuf nun an den Nagel hängen und die Beschäftigung, die auch schon in den Jahren zuvor seine intellektuelle und politische Hauptbetätigung dargestellt hatte, zu seinem Beruf machen.

Ehe er die Arbeit in dem Bremer Arbeitersekretariat aufnahm, informierte er sich auf einer längeren Studienreise über die Organisation und die Arbeitsweise der bereits bestehenden Arbeitersekretariate von Nürnberg und Frankfurt am Main, d. h., er überprüfte, inwieweit bestehende Vorbilder auf die Bremer Verhältnisse übertragbar waren. Zwar waren die Hauptarbeitsgebiete – Sozialversicherungssystem und Wahrnehmung der Ansprüche der Arbeiter, allgemeine juristische Fragen mit dem Schwerpunkt der Rechtsverhältnisse des Arbeitsvertrags und das Mietrecht, daneben auch statistische Erhebungen über die soziale und ökonomische Lage – durch das Gründungsstatut vorgegeben, und mit den spezifischen örtlichen Problemen in Bremen und Umgebung war er naturgemäß vertraut, aber genauso wichtig war die praktische Organisation der Arbeit und die ebenso heikle wie politisch umstrittene Frage, ob das Arbeitersekretariat nur für gewerkschaftlich organisierte Arbeiter Aufgaben übernehmen oder ob prinzipiell allen Ratsuchenden geholfen werden sollte, wobei der Hintergedanke natürlich war, durch Übernahme von Leistungen für Unorganisierte diese für die Gewerkschaften zu gewinnen.

Das von Ebert entworfene und von dem Aufsichtsorgan des Bremer Gewerkschaftskartells genehmigte „Regulativ des Arbeitersekretariats Bremen und Umgebung" entschied sich für eine unterschiedslose Behandlung aller Ratsuchenden und für eine sehr weitgefaßte Aufgabenstellung: Neben der Auskunftserteilung und der Abfassung der notwendigen Schriftstücke in Fragen des Arbeitsrechts, der Sozialversicherungen sowie des Vereins- und Versammlungsrechts wurde auch die Hilfestellung bei Mietstreitigkeiten sowie armen- und familienrechtlichen Problemen zur Verfügung gestellt. In der Praxis hieß das, daß jeder Arbeiter mit allen für ihn wichtigen rechtlichen Fragen an das Arbeitersekretariat herantreten konnte. Wie die Berichte des Sekretariats auswiesen, traf das auch auf strafrechtliche Angelegenheiten zu. Eine so umfassende Aufgabenstellung hatte die beinahe zwangsläufige Folge, daß die Arbeit durch einen einzelnen Sekretär nicht mehr zu leisten war. Noch im Jahre 1900 wurde daher nach einer öffentlichen Ausschreibung der Bochumer Schriftsetzer Hermann Müller als zweiter gleichberechtigter Sekretär eingestellt.

Die Arbeitsbelastung in dem Sekretariat läßt sich sehr gut an den eingehenden Anfragen bzw. persönlich um Rat suchenden Personen illustrieren: Sie stiegen von etwas über 4400 im ersten Jahr auf mehr als 13000 im Jahr 1905, dem letzten Jahr von Eberts Tätigkeit in Bremen. Naturgemäß handelte es sich dabei zum größten Teil um reine Routinesachen, die weder eine schriftliche Bearbeitung noch langwierige Verhandlungen mit Behörden notwendig machten; aber daneben gab es doch eine Reihe von Fällen, die prinzipielle rechtliche und politische Probleme aufwarfen, deren Klärung durch langwierige Verhandlungen bzw. durch juristische Auseinandersetzungen, die allerdings, soweit es sich nicht um Gewerbegerichtsverfahren handelte, durch Anwälte erledigt wurden, erreicht werden konnte oder die zu einer befriedigenden Lösung mangels geeigneter gesetzlicher Bestimmungen nicht gebracht werden konnten, dann aber Verwertung bei der Vorbereitung und Formulierung von politischen Initiativen fanden.

Ergebnis

einer statistischen Erhebung über die Lebensverhältnisse ** der bremischen Arbeiter **

Bearbeitet vom

Arbeiter-Sekretariat Bremen und Umgebung.

Selbstverlag des Arbeiter-Sekretariats.

Titelseite einer von Ebert, er war von 1900 bis 1905 Arbeitersekretär in Bremen, verfaßten Broschüre aus dem Jahre 1902.

Neben den vielen sachlich gerechtfertigten Anfragen gab es auch immer wieder Fälle, in denen von den Betroffenen falsche, unbewiesene oder auch unvollständige Angaben gemacht wurden. Die Dienste des Arbeitersekretariats wurden nicht nur von Arbeitern, unter denen der Anteil der nicht gewerkschaftlich Organisierten in den Anfangsjahren ständig über 50 v. H. lag, sondern zunehmend auch von kleineren Gewerbetreibenden in Anspruch genommen, und selbst staatliche Behörden griffen auf die Erfahrungen der Arbeitersekretäre zurück. Neben dieser zeitraubenden Beratungstätigkeit wurden im Arbeitersekretariat bestimmungsgemäß auch statistische Erhebungen über die sozialen Zustände in der Hansestadt Bremen vorgenommen: Diese Arbeit war insofern außerordentlich wichtig, als die amtliche Statistik im Gegensatz zu anderen Großstädten des Reichs solche Daten nicht zur Verfügung stellte. Unter den im Arbeitersekretariat bearbeiteten Untersuchungen ragt die aufgrund einer Befragung der gewerkschaftlich organisierten Arbeiter von Ebert verfaßte Studie „Ergebnis einer statistischen Erhebung über die Lebensverhältnisse der bremischen Arbeiter“ hervor. Sie lieferte zum ersten Mal einen geschlossenen Überblick über die Arbeits-, Lohn- und Wohnungsverhältnisse der Bremer Arbeiter und veranlaßte nun auch das Statistische Amt, diesen Problemen nachzugehen. Später ist dieser Arbeitsbereich des Arbeitersekretariats allerdings stark eingeschränkt worden, da methodisch hinreichende und inhaltlich aussagekräftige Erhebungen einen so hohen Arbeitsaufwand erforderten, daß diese Aufgabe neben der Beratungstätigkeit durch die beiden Sekretäre, die ja keine weiteren Hilfskräfte zur Verfügung hatten, nicht mehr leistbar war.

Wenn auch die meisten Aufgaben im Arbeitersekretariat reine Routineangelegenheiten waren, wenn auch eine erfolgreiche Amtsführung in erster Linie genaue Kenntnisse der Gesetze, Verordnungen und Erlasse sowie der dazu gehörigen Rechtsprechung erforderten, und wenn schließlich auch Zuverlässigkeit bei der Bearbeitung eine notwendige Voraussetzung war, so wäre es verfehlt, diesen eher bürokratischen Gesichtspunkt überzubetonen. Denn abgesehen davon, daß die Gewinnung einer gewissen Verwaltungserfahrung einen nicht zu unterschätzenden Vorteil für die Arbeitersekretäre darstellte, die wie Ebert gleichzeitig parlamentarischen Körperschaften angehörten, so blieben doch die Arbeitersekretäre durch ihre tägliche Arbeit vor allem mit den realen Sorgen und Nöten der Arbeiterschaft in Kontakt, wurden damit aber auch nicht Opfer eines sentimental idealisierten Bildes vom „Proletarier“, dem so viele der akademisch gebildeten, nie mit der proletarischen Wirklichkeit konfrontierten Parteigenossen anhingen. Für Ebert persönlich war die Position als Arbeitersekretär aus zwei Gründen wichtig, einmal lernte er von Grund auf einen für die Arbeiterbewegung wichtigen Politikbereich kennen, zum anderen erhielt er Gelegenheit zur Knüpfung von Kontakten innerhalb der Gewerkschaften, da die damals etwa 30 bis 35 Arbeitersekretäre ständig untereinander, aber auch zu den Mitgliedern und Sekretären der Generalkommission in Beziehung standen.

In der Bremer Bürgerschaft

Gleichzeitig mit der Bestellung zum Arbeitersekretär war Friedrich Ebert auch in die Bremer Bürgerschaft gewählt worden. Dabei traten allerdings einige Komplikationen, die mit den bremischen Wahlgesetzen zusammenhingen, auf. Die 150 Abgeordneten der Bremer Bürgerschaft wurden für sechs Jahre gewählt; Wahlen fanden alle drei Jahre für je die Hälfte der Abgeordneten statt. Diese Teilwahlen für die Bürgerschaft fanden am 2. Dezember 1899 statt, das Eintrittsdatum in die Bürgerschaft war für die Neugewählten aber der 1. Januar 1900. Voraussetzung für das aktive und passive Wahlrecht in Bremen war die Vollendung des 25. Lebensjahres und die Ableistung des Bürgereides, die mindestens drei Jahre vor der Ausübung des aktiven und passiven Wahlrechts erfolgt sein mußte. Diese Bestimmungen waren ein typisches Produkt liberaler Wahlrechtsgesetzgebung des 19. Jahrhunderts und führten in der Praxis zu einer erheblichen Einschränkung des theoretisch gewährleisteten allgemeinen Wahlrechts. Denn nicht nur nach Bremen Zugezogene wie Ebert mußten den Staatsbürgereid leisten, sondern auch alle gebürtigen Bremer. Und die Ableistung des Staatsbürgereides war mit einer erheblichen Gebühr verbunden, die in den 1890er Jahren etwa einen durchschnittlichen Wochenlohn eines ungelernten und etwa drei Viertel eines Wochenlohnes eines gelernten Arbeiters ausmachte. Die Sozialdemokratische Partei hatte angesichts dieser Wahlrechtsbehinderung zwar besondere Maßnahmen getroffen, die den potentiell wahlberechtigten Mitgliedern die Ansparung der Bürgereidgebühren erleichtern sollten, aber angesichts der ökonomischen Schwierigkeiten vieler Arbeiterfamilien blieb es nicht aus, daß viele ihrer Mitglieder oder Anhänger von dem bremischen Wahlrecht ausgeschlossen blieben, denn die selbstverständlich auch von der Sozialdemokratie verlangte gänzliche Aufhebung der Gebühren war bei den Mehrheitsverhältnissen in der Bremer Bürgerschaft undurchsetzbar. Immerhin konnten bei der Bürgerschaftswahl im Jahre 1899 nur rd. 20500 Bremer zur Wahl gehen, während bei der letzten Reichstagswahl 1898 schon 33000 Wahlberechtigte vorhanden gewesen waren. Ein weiteres Problem für die Sozialdemokratie war es, daß sie ihre potentiellen

Anhänger in den für sie interessanten Klassen 4 und 8 des Bremer Achtklassenwahlrechts zunächst nicht vollständig mobilisieren konnte. Die Wahlbeteiligung lag hier 1899 z. B. nur bei rd. 66 v. H., während sie bei den Reichstagswahlen 1898 bei rd. 92 v. H. gelegen hatte. Naturgemäß hing diese geringere Wahlbeteiligung damit zusammen, daß die Wahlklassen 4 bis 6 und 8, in denen das gleiche Wahlrecht galt, nur eine Minderheit der Abgeordneten bestimmen konnten, obwohl hier die Mehrheit aller Stimmberechtigten versammelt war. Und ähnlich wie in Preußen, wo in der dritten Klasse, der Wahlklasse der Arbeiter und anderen „kleinen Leute", auch stets nur eine sehr geringe Wahlbeteiligung zu verzeichnen gewesen war, erwies es sich als überaus schwierig, die Wahlberechtigten davon zu überzeugen, daß trotz dieser Umstände der Gang zur Wahlurne sinnvoll sein konnte, zumal diese Frage ja auch unter den Funktionären der Sozialdemokratischen Partei keineswegs unumstritten war. Schließlich enthielt das bremische Wahlrecht noch eine weitere Benachteiligung für die Sozialdemokratie: Die Wahlkreise waren jahrzehntelang nicht der tatsächlichen Bevölkerungsentwicklung angepaßt worden, und die Wahlkreise in den Arbeiterwohngebieten hatten stets eine höhere Einwohner- und Wählerzahl als die übrigen Wahlkreise.

Bei der Wahl zur bremischen Bürgerschaft am 2. Dezember 1899 war eine Kandidatur von Ebert noch nicht möglich, da er den Bürgereid erst am 4. Dezember 1896 abgelegt hatte und nach der Rechtsauslegung der Wahldeputation allein der Wahltermin, nicht aber die erst am 1. Januar beginnende Legislaturperiode für die Frage relevant war, ob Ebert schon das passive Wahlrecht besaß. Allerdings gab das bremische Wahlrecht eine Möglichkeit, die von der Sozialdemokratie auch genutzt wurde, um Ebert doch noch den Einzug in die Bürgerschaft zu ermöglichen: Sie stellte in zwei für sie sicheren Wahlkreisen den gleichen Kandidaten auf, so daß in einem sofort eine Nachwahl erfolgen mußte. Diese Nachwahl fand am 15. Dezember statt, und an diesem Termin war Ebert wählbar: Er gewann mit einer gegenüber der Wahl am 2. Dezember noch vergrößerten Majorität. Die Wahlen vom Dezember 1899 hatten der Sozialdemokratischen Partei einen Sieg insofern gebracht, als sie mit elf Abgeordneten nun eine Fraktion in der Bürgerschaft bilden konnte, andererseits hatte sie bei einem Stimmenanteil von 37,2 Prozent in den Klassen 4 bis 6 und 8, wo sie allein kandidieren konnte, doch nur etwas mehr als ein Sechstel der diesen Klassen zustehenden 64 Mandate errungen.

Obwohl Ebert ein Neuling in der Fraktion war, wurde er zu ihrem Vorsitzenden gewählt und erhielt auch einen der beiden Sitze, die den Sozialdemokraten in den Kommissionen der Bürgerschaft zufielen. Seine parlamentarische Tätigkeit konzentrierte sich zunächst in erster Linie auf sozial- und wirtschaftspolitische Probleme sowie auf verfassungsrechtliche Fragen. Später, als nach den Wahlen des Jahres 1902 die Sozialdemokraten insgesamt 19 Sitze eroberten und eine stärkere Vertretung in den Kommissionen und in den Deputationen, d. h. den aus Senats- und Bürgerschaftsmitgliedern gebildeten Regierungsorganen, durchsetzen konnten, gehörte Ebert auch der Steuer- und der Finanzdeputation sowie einer Reihe von Spezialdeputationen für einzelne sozialpolitische Fragen an und konnte damit wenigstens Einblick in die wichtigsten Regierungs- und Gesetzgebungsarbeiten Bremens erhalten. Eine wirkliche Beeinflussung der Entscheidungsprozesse war allerdings schon wegen der Zusammensetzung des Senats und der Tatsache, daß für Entscheidungen verfassungsrechtlich immer übereinstimmende Beschlüsse von Senat und Bürgerschaft notwendig waren, nur in Ausnahmefällen erreichbar.

Gleichwohl unternahm die sozialdemokratische Fraktion unter Eberts Führung eine ganze Reihe von Initiativen, versuchte sie durch beharrliche Überzeugungsarbeit, die Mehrheit der Bürgerschaft und den Senat für ihre Vorschläge zu gewinnen. Dabei handelte es sich durchaus nicht nur um Demonstrationspolitik, auch nicht in jedem Fall um aussichtslose Anträge, wie z. B. die Erfolge bei der Abschaffung einiger bremischer Verbrauchsabgaben oder bei der Einrichtung einer besonderen Hafeninspektion zeigen. Aber in der Regel konnten die sozialdemokratischen Vorschläge nicht auf eine hinreichende Unterstützung, allenfalls auf eine in stark verwässerter Form erfolgende Beschlußfassung rechnen, so daß die sozialdemokratischen Abgeordneten der Bürgerschaft auch innerparteilich immer wieder vor der schwierigen Aufgabe standen, den Parteimitgliedern erklären zu müssen, weshalb sie trotz der geringen Erfolge am parlamentarischen Weg festhalten wollten. Daß dies gelang, lag wahrscheinlich weniger an den insgesamt eher bescheidenen praktischen Resultaten ihrer Politik, sondern daran, daß die parlamentarischen Niederlagen von der sozialdemokratischen Fraktion dazu benutzt wurden, um die „liberale“ Herrschaft in Bremen als Klassenherrschaft zu entlarven, die sich nur deswegen halten konnte, weil die bremische Verfassung von 1852 wenigen privilegierten Bürgern die Mehrheit in der Bürgerschaft und die ausschließliche Verfügung über den Senat garantierte. D. h. die sozialdemokratische Fraktion beharrte darauf, daß die Beteiligung an Wahlen und die Mitarbeit in der Bürgerschaft notwendig und sinnvoll waren, verband dieses Votum aber mit der Forderung nach einer grundlegenden Verfassungsreform, durch die sich endlich der Mehrheitswille der Bevölkerung durchsetzen konnte.

Ebert hatte als Vorsitzender der Fraktion entscheidenden Anteil an der Formulierung dieser politischen Linie, die – wie von Buse mit Recht festgestellt worden ist – drei Zielsetzungen diente: Einmal sollte sie das „Klassenbewußtsein" der Arbeiterschaft stärken, indem immer von neuem nachgewiesen wurde, daß die sogenannten Liberalen in Bremen jede Reform der Verfassung verhinderten und der Arbeiterschaft bewußt eine gleichberechtigte Stellung in Staat und Gesellschaft verweigerten. Damit sollte, so die zweite Zielsetzung, den Arbeitern auch vor Augen geführt werden, daß sie zur Durchsetzung ihrer politischen Ideale auf sich allein gestellt waren und sich dabei nur auf ihre eigene Stärke verlassen konnten. Eigene Stärke aber hieß eine geschlossene und feste Formierung von Partei und Gewerkschaften. Der ständige Verweis auf den gemeinsamen politischen Gegner hatte also auch das praktische Ziel, die innerparteilichen Differenzen in ideologischen und tagespolitischen Fragen auszugleichen und damit die Einheit der Partei zu sichern. Und schließlich half drittens eine häufig scharfe, polemische Sprache in den Debatten der Bürgerschaft über die Gefahr hinweg, daß die einfachen Parteimitglieder in der zugleich von der Fraktion in den Kommissionen und Deputationen betriebenen Zusammenarbeit mit anderen politischen Kräften, soweit damit wenigstens Teilziele des sozialdemokratischen Programms verwirklicht werden konnten, nicht einen „Verrat" an dem revolutionären Endziel der Arbeiterbewegung sahen. Ebert befand sich mit dieser Politik in völliger Übereinstimmung mit Bebel und dem gesamten Parteivorstand, die im Reichstag nicht anders agierten als er in der Bremer Bürgerschaft. Freilich darf dies nicht darüber hinwegtäuschen, daß Ebert in diesen Jahren wohl seine politischen Grundüberzeugungen etwas modifiziert hat. Einen gewissen Anhaltspunkt dafür geben die Debatten innerhalb der Bremer Partei zum auf dem Dresdener Parteitag von 1903 erneut aufflammenden Revisionismusstreit, die Auseinandersetzungen um den Bremer Goethebund 1905 und schließlich auch seine Reden zu bestimmten Aspekten der Verfassungspolitik in der Bürgerschaft.

Evolution und Revolution – Eberts Plädoyer für eine „Diagonale der Kräfte"

Vor dem Dresdener Parteitag, zu dem Ebert nicht als Bremer, sondern als Delegierter des 18. hannoverschen Wahlkreises (Stade) fuhr, da er hier 1903 auch als Kandidat bei der Reichstagswahl aufgestellt worden war, kam es in der Bremer Partei zu einer scharfen Auseinandersetzung darüber, ob ein Antrag Bremens auf Verurteilung der Revisionisten, insbesondere Eduard Bernsteins, eingebracht werden sollte, wogegen sich Ebert, übrigens unterstützt von einem der sogenannten Radikalen, dem neuen Chefredakteur der Bremer Bürgerzeitung, Heinrich Schulz, mit der Begründung wandte, daß die theoretischen Streitigkeiten endlich begraben werden müßten. Auf dem Parteitag stimmte Ebert freilich genauso wie Heinrich Schulz und der zweite Bremer Parteitagsdelegierte für die von August Bebel eingebrachte Resolution, mit der alle revisionistischen Bestrebungen zur Änderung der marxistischen Grundlage des Erfurter Programms verurteilt wurden. In der Berichterstattung vor den Bremer Parteimitgliedern aber betonte Ebert, Mehrings Geschichte der Deutschen Sozialdemokratie zitierend, zur Erreichung des Endziels sei eine Zusammenfassung des revolutionären und des evolutionären Weges als einer „Diagonale der Kräfte“ notwendig und, wenn das als Revisionismus bezeichnet werde, dann gebe es allerdings in der Partei „zum größten Teil Revisionisten“. Im übrigen aber solle man, so erklärte er ganz offen, endlich diese theoretischen Streitigkeiten begraben, in Zukunft „müsse nützliche, praktische Arbeit geleistet werden im Interesse unserer Bestrebungen“. Auf jeden Fall sollten Parteitage wie der Dresdener, der nach Eberts Auffassung vor allen Dingen durch Bebels Auftreten „ein sehr tiefes Niveau“ gezeigt hatte, in Zukunft vermieden werden.

Auf Eberts Drängen verabschiedeten die Bremer Parteimitglieder eine von ihm formulierte Resolution, die dieser Ansicht in scharfen Worten Ausdruck verlieh. Es wurde ausdrücklich „bedauert“, daß „durch die breit ausgesponnenen theoretischen und literarischen Debatten eine Erörterung der praktischen, wirtschaftlich-sozialen und politischen Aufgaben fast unmöglich gemacht“ worden war, und außerdem wurde die „persönlich-gehässige Art“ der Verhandlungen ausdrücklich „mißbilligt“. Letzteres traf natürlich in erster Linie den Parteivorstand und vor allen Dingen Bebel, der die Verantwortung für den Ablauf des Parteitages trug. Auch wenn man diese Kritik Eberts ganz vorsichtig bewertet und darin nicht mehr sehen will als die Enttäuschung eines Delegierten, der gehofft hatte, für seine eigene politische Arbeit auf dem Parteitag Anregungen und sachliche Hinweise zu gewinnen, so bleibt der Tatbestand, daß er entgegen seiner früheren, 1899 eingenommenen Haltung nun die tatsächlich von revisionistischer Seite vorgetragenen Angriffe auf das Erfurter Programm einfach leugnete und bestritt, daß überhaupt ein Anlaß zu der Theoriedebatte vorhanden gewesen war. Und ferner war bemerkenswert, daß er nicht mehr das Bekenntnis zum Erfurter Programm zu seiner zentralen Aussage machte, sondern die mangelnde Praxisbezogenheit der Parteitagsdiskussionen rügte. Hierin war zumindest ein graduelles Abrücken von früheren Positionen feststellbar, eine sich langsam abzeichnende Hinwendung zu einer nicht mehr durch das Erfurter Programm voll abgedeckten politischen Grundüberzeugung.

Ähnliche Schlußfolgerungen lassen sich aus Eberts Stellungnahme bei den Auseinandersetzungen um den „Goethebund" ziehen. Diese überparteiliche Bildungseinrichtung, die im Jahre 1900 zur Abwehr der sogenannten Lex Heinze, durch die das „Schamgefühl" verletzende künstlerische Darstellungen in Wort, Schrift und Bild unter die Strafandrohung des Unzuchtparagraphen gestellt werden sollten, von Bremer Liberalen und Sozialdemokraten gemeinschaftlich gegründet worden war, stieß bei einer ganzen Reihe von führenden Bremer Sozialdemokraten, so insbesondere bei Heinrich Schulz und Alfred Henke, auf mißtrauische Ablehnung, da sie von ihr eine Beeinflussung der Arbeiterschaft in nicht klassenkämpferisch prinzipientreuer Richtung befürchteten. Ein Vortrag, den Werner Sombart Ende 1904 im „Goethebund" hielt, bildete dann den äußerlichen Anlaß für den Angriff dieser Richtung in der Partei gegen jede Mitarbeit in nicht rein proletarischen Bildungseinrichtungen und für die Forderung nach Gründung einer umfassenden eigenen sozialdemokratischen Bildungsinstitution. Letzterem Vorschlag widersetzte sich auch Ebert nicht, da die organisatorischen und materiellen Voraussetzungen für eine solche Einrichtung durch das Wachstum der Arbeiterbewegung in Bremen nun gegeben schienen.

Was ihn aber deutlich beunruhigte, war, daß die vorhandenen Beziehungen zu bürgerlichen Kreisen einfach gekappt werden sollten, daß damit die Sozialdemokratie von sich aus ihre gesellschaftliche Isolierung festschreiben wollte. Es ging dabei nicht um Anpassung oder gar um Aufgabe von politischen und sozialökonomischen Prinzipien der Sozialdemokratie, daran ließ Ebert in der Debatte gar keinen Zweifel, aber es war für ihn nicht einsichtig, weshalb eine Institution wie der „Goethebund", deren großer Vorzug für ihn gerade darin bestand, daß sie als gemeinschaftliche Veranstaltung von sozialdemokratischen und bürgerlichen Kräften Bedürfnisse auch der bildungswilligen sozialdemokratischen Arbeiterschaft befriedigen konnte, ohne Not einfach aufgegeben werden sollte. Sicherlich befand sich Ebert mit seiner Stellungnahme zu diesem Streit nicht mehr in Übereinstimmung mit der Mehrheit der Bremer Partei, die sich für eine vollständige Trennung vom „Goethebund" entschied, wichtiger ist es aber, daß Ebert selber an diesem Stimmungswandel nicht ganz unbeteiligt war. Denn seine ständige, ziemlich wortradikale Kritik an den herrschenden Bremer Liberalen, sein Diktum, in dem fünfjährigen Kampf für eine Verfassungsreform sei so gut wie nichts erreicht worden, hatte zumindest tendenziell hierzu beigetragen, zumal von den einfachen Parteimitgliedern nicht vorausgesetzt werden konnte, daß sie die Unter- und Zwischentöne, die klausuliert vorgetragenen Angebote zur Zusammenarbeit in bestimmten politischen Sachfragen, die Ebert in seiner

Eigenschaft als Fraktionsvorsitzender zumindest den von ihm als „bürgerliche Linke" bezeichneten Abgeordneten der Vereinigten Liberalen gemacht hatte, ohne weiteres wahrnahmen.

Um das „Gemeinwohl": Eberts Staatsverständnis

Von besonderem Interesse für die Beurteilung von Eberts politischen Grundanschauungen sind auch seine Überlegungen zur Rolle des Staates: In seinen Zustandsanalysen ließ er nie einen Zweifel daran, daß er die bestehende staatliche Ordnung für den „Klassenstaat" par excellence hielt. Damit hielt er sich völlig auf der Parteilinie; seine Vorstellungen von einer idealen staatlichen Ordnung sind dagegen sehr viel schwieriger auf eine griffige Formel zu bringen. Zunächst sollte aber ein Mißverständnis, das in der Literatur aufgetaucht ist, ausgeräumt werden: Wenn Ebert z.B. bei der Diskussion der vom Senat beim Reichstagswahlkampf 1903 eingenommenen antisozialdemokratischen Haltung erklärte, bisher hätten alle „objektiv denkenden Politiker, ganz einerlei, welcher Partei sie auch angehörten, die Auffassung (vertreten), daß die Regierung eine neutrale Körperschaft sei", so bezog sich das konkret auf den Reichstagswahlkampf und darauf, daß Ebert vom Senat als der Regierung eines Bundesstaates eine strikte „Neutralität" im Sinne der Nichtbeeinflussung der Wahlen verlangte, hatte aber gar nichts damit zu tun, daß Ebert etwa die „Neutralität" der Regierung oder, wie es als Propagandaformel zur Verteidigung der klassengebundenen Regierungstätigkeit immer hieß, „Regierung über den Parteien" als erstrebenswertes Ideal betrachtete. Tatsächlich waren seine Überlegungen zur Rolle des Staates sehr stark bestimmt von dem Begriff des „Gemeinwohls", dessen bisherige klassenspezifische Auslegung von ihm immer scharf angegriffen wurde, den er aber dennoch als eine zutreffende Bezugsgröße für staatliches Handeln ansah. Es kam dabei nach Eberts Auffassung allerdings darauf an, daß ein am Gemeinwohl orientiertes staatliches Handeln zur unabdingbaren Voraussetzung die gleichberechtigte Mitwirkungschance aller Bevölkerungsschichten an Regierung und Verwaltung hatte, daß der Staat so etwas wie die „Gemeinschaft aller Staatsbürger" repräsentieren sollte. „Gemeinwohl" und „Gleichberechtigung" als Ziel und Mittel für staatliches Handeln, das waren die Ebert vorschwebenden Ideale; sie wurden von zahlreichen sozialdemokratischen Politikern in dieser Form geteilt, wie ihr Eintreten für ein wirklich gleiches Wahlrecht und für die parlamentarische Regierungsform zeigte, und enthielten implizit – wenn auch nicht expressis verbis – eine Absage an orthodox marxistische Vorstellungen.

Rückzug aus Bremen und Wahl in den Parteivorstand

Die innerparteiliche Stellung Eberts in Bremen war nie die eines unumstritten herrschenden Führers gewesen. Vielmehr hatte es immer eine Führungsgruppe gegeben, zu der neben dem Vorsitzenden der Partei und dem engeren Parteivorstand vor allem der Chefredakteur und die übrigen Redakteure der Bremer Bürgerzeitung, die Mitglieder der Zeitungskommission, der Bremer Reichstagsabgeordnete bzw. Wahlkreiskandidat, der Vorstand der sozialdemokratischen Bürgerschaftsfraktion, der Ortskartellvorstand der Bremer Gewerkschaften sowie die Sekretäre des Arbeitersekretariats gehörten. Dieser Personenkreis entschied kollegialisch über die politische Linie der Bremer Partei, aber in ihm besaß Ebert doch eine gewisse Vorrangstellung allein dadurch, daß er eine Vielzahl von Funktionen auf sich vereinigte: unbestrittener Führer der Bürgerschaftsfraktion, Arbeitersekretär, Mitglied des engeren Vorstands der Partei (als ehemaliges Mitglied der Landagitationskommission für die um Bremen liegenden Reichstagswahlkreise und selber Wahlkreiskandidat für einen der betroffenen Reichstagswahlkreise), Mitglied der Zeitungskommission und Mitglied des Ortskartellvorstandes der freien Gewerkschaften. Und auf nationaler Ebene besaß er ebenfalls schon einen gewissen Bekanntheitsgrad als einer der Arbeitersekretäre, als tüchtiger Wahlkämpfer, als Mitglied einer Parteischiedskommission und schließlich als ein kompetenter und sich seinen Aufgaben in jeder Phase gewachsen zeigender Präsident des Bremer Parteitages der Sozialdemokratischen Partei 1904. Personelle Veränderungen innerhalb der Bremer Parteiführung, so der Fortgang von Franz Diederich als Chefredakteur zur „Sächsischen Arbeiterzeitung“ nach Dresden und seine Ersetzung durch Heinrich Schulz im Herbst 1902 und dann die Berufung des Kollegen im Arbeitersekretariat, Hermann Müller, ins Berliner Zentralarbeitersekretariat im Juni 1905, hatten freilich zu einer erheblichen Verschiebung der politischen Gewichte geführt. Die von Ebert, Diederich, Müller und einer Reihe weiterer Funktionäre vertretene reformistische Richtung war deutlich geschwächt, dagegen waren die eher dem radikalen Flügel zurechenbaren Kräfte deutlich gestärkt worden. Allerdings waren die innerparteilichen Divergenzen in Bremen noch keineswegs unüberbrückbar, die Scheidung in sogenannte Reformisten und sogenannte Radikale nicht völlig eindeutig, auch beherrschte nicht innerparteiliche Konfrontation, sondern in der Regel die Bereitschaft zur Zusammenarbeit und zum Ausgleich bestehender Gegensätze das Bild, wozu übrigens Ebert durchaus einen wichtigen Beitrag geleistet hatte. Dennoch war Ebert in Bremen nicht mehr zufrieden; gegenüber Diederich äußerte er den Wunsch, ein anderes Betätigungsfeld zu finden. Seine Begründung zielte einmal auf die in der „Goethebund"-Debatte zutage getretenen politisch-taktischen Meinungsverschiedenheiten mit Schulz und Henke, viel wichtiger war aber offensichtlich, daß ihm deren „charakterloses Verhalten" eine gedeihliche persönliche Zusammenarbeit nicht mehr möglich zu machen schien. Diederichs Rat, sich um die freiwerdende Stelle im Dresdener Arbeitersekretariat zu bewerben, hat Ebert wahrscheinlich befolgt, wurde aber wohl nicht berücksichtigt, da sich durch die lange Kündigungsfrist in Bremen sein Dienstantritt zu lange hinausgezögert hätte.

Es bleibt unklar, wie es zur Kandidatur Eberts für die neu geschaffene Stelle eines weiteren hauptamtlichen Sekretärs des Parteivorstandes gekommen ist, wer seinen Namen ins Spiel gebracht hat und welche politischen Richtungen innerhalb der Partei ihn favorisierten und welche ihn bekämpften. Es bleibt ferner unklar, ob die am 24. September 1905 auf dem Parteitag in Jena erfolgte Wahl nicht vorher in allen Einzelheiten durch die Parteigruppierungen abgesprochen worden ist, sondern erst durch das Auftreten der beiden Kandidaten – Friedrich Ebert und Hermann Müller – auf dem Parteitag entschieden wurde. Denn in der politischen Haltung beider Kandidaten war kein großer Unterschied feststellbar, und als im folgenden Jahr ein weiterer Sekretär des Parteivorstands zu bestimmen war, fiel die Wahl mit großer Mehrheit auf den 1905 unterlegenen Hermann Müller.

Mit der Wahl zum Sekretär des Parteivorstandes war für Ebert, der das Amt am 1. Dezember 1905 antrat, rein äußerlich zunächst einmal eine bedeutende Verbesserung seiner wirtschaftlichen Situation verbunden, statt etwa 2400 Mark, die er zuletzt in Bremen pro Jahr erhielt, verfügte er nun über ein Einkommen von 4200 Mark. Damit konnte auch eine siebenköpfige Familie recht gut leben, bei einem Vergleich mit den jährlichen Einnahmen eines dauernd beschäftigten Facharbeiters, die damals je nach Branche zwischen 1300 und 1900 Mark betrugen, war dieses Gehalt als ziemlich hoch zu bezeichnen, bei einem Vergleich mit der Gehaltsskala der preußischen Staatsbeamten rangierten die Sekretäre des Parteivorstandes allerdings noch unter den Kreissekretären und den Postinspektoren. Bevor Ebert aus Bremen fortging, unternahm er, unterstützt durch den Ortskartellvorsitzenden der Gewerkschaften, den Versuch, auf die durch seinen Weggang freiwerdende Stelle im Arbeitersekretariat einen Nachfolger, der die eigenen politischen Anschauungen teilte, zu bringen, was jedoch erfolglos blieb, da der hierfür vorgesehene Rudolf Wissell seine Bewerbung vor der Wahl zurückzog.

Im Parteivorstand – Legenden und Wirklichkeit

Über Eberts Arbeit im Parteivorstand und die von ihm angeblich angewandten Methoden zur Gewinnung einer vollen Kontrolle über den Parteiapparat, die dann in der Folge fast unvermeidlich zu seiner Wahl zum Vorsitzenden der Partei geführt hätten, sind eine Reihe von überaus zählebigen Mythen verbreitet worden. Dazu gehört in erster Linie die immer wieder weiterverbreitete Geschichte, Ebert habe sozusagen im Alleingang der Sozialdemokratischen Partei eine bürokratische Struktur übergestülpt, dazu erst einmal die Arbeit im Parteivorstand auf moderne Verwaltungsmethoden umgestellt und dann mit dem eingespielten Apparat der Parteizentrale den lokalen und regionalen Organisationen immer mehr Funktionen entwunden und sie beim Parteivorstand konzentriert.

Die tatsächlichen Verhältnisse waren freilich ganz anders: Einen durchgebildeten Funktionärsapparat gab es schon seit den 1890er Jahren. Im Jahre von Eberts Eintritt in den Parteivorstand gab es neben den sieben besoldeten Mitgliedern des Parteivorstandes noch 16 hauptamtliche Bezirks- und etwa 30 Wahlkreissekretäre, daneben aber mehrere hundert weitere Angestellte der Partei, die hauptamtlich Parteizeitungen oder die parteieigenen Druckereien leiteten und als solche zumindest zeitweise auch Aufgaben der Parteiorganisation übernahmen. Das gleiche galt auch für die vielen hundert Angestellten der Gewerkschaften, da eine strikte Trennung zwischen Partei- und Gewerkschaftsarbeit weder möglich war noch angestrebt wurde. Das beste Beispiel für solche Funktionäre ist Ebert selbst, der als Arbeitersekretär in Bremen zwar von den Gewerkschaften bezahlt wurde, aber ebenso stark für die Parteiorganisation wirkte.

Außerdem ist bei Überlegungen zur Bürokratisierung der Partei immer zu bedenken, wie anders als durch die Entwicklung eines schlagkräftigen Apparats konnte denn die Partei, die ja gerade den Anspruch erhob, die Massen organisieren zu wollen, dies eigentlich erreichen. Für die über 380000 Mitglieder, die der Sozialdemokratischen Partei 1905/06 in 34 Agitationsbezirken, 284 Reichstagswahlkreisen und rd. 2500 Ortsvereinen angehörten, war die genannte Zahl hauptamtlicher Funktionäre eher bescheiden. Selbst 1913/14, als der Parteivorstand über elf Sekretäre, die

Bezirksorganisationen über 51 und die Wahlkreisorganisationen über 106 hauptamtliche Funktionäre verfügten, daneben 437 Redakteure und 448 Angestellte in parteieigenen Zeitungen und Druckereien beschäftigt wurden, war dies eine kleine Gruppe verglichen mit den Aufgaben, die bei der Betreuung von rd. 1085000 Mitgliedern in 45 Agitationsbezirken, in allen 397 Reichstagswahlkreisen und knapp 5000 Ortsvereinen und bei der Vorbereitung von Wahlkämpfen auf nationaler, bundesstaatlicher und lokaler Ebene auftraten, auch wenn die Partei sich auf den opferbereiten Einsatz von Zehntausenden nebenamtlich tätigen Funktionären verlassen konnte. Denn anders als die bürgerlichen Parteien, die teils durch gute Beziehungen zur staatlichen Bürokratie, teils durch die unzähligen ökonomischen und sogenannten nationalen Interessenverbände tatkräftige, aber weitgehend der Öffentlichkeit verborgen bleibende Unterstützung erhielten, war die Sozialdemokratische Partei auf sich allein und die Funktionärsapparate der freien Gewerkschaften angewiesen. Ein weiterer Aspekt sollte nicht unerwähnt bleiben bei der Vergrößerung des bürokratischen Apparates der Sozialdemokratischen Partei in den Jahren vor dem Ersten Weltkrieg: Es war eben nicht der Parteivorstand, der personell in außergewöhnlichem Maße expandierte, sondern es waren die lokalen und regionalen Organisationen, die hier vorangingen, und zwar ganz unabhängig davon, ob sie in den innerparteilichen Auseinandersetzungen zur reformistischen oder radikalen Minderheit oder zur zentristischen Mehrheit tendierten.

Bei seinem Eintritt in den Parteivorstand bestanden Eberts Aufgaben also keineswegs in der Schaffung einer bürokratischen Struktur, sondern sie waren bescheidener, für den inneren Parteibetrieb allerdings sehr wichtig. Der Parteivorstand hatte die neue Sekretärstelle vor allen Dingen deswegen beim Parteitag beantragt, um endlich wenigstens ein Mitglied zu haben, das sich uneingeschränkt den täglich anfallenden Arbeiten widmen konnte und wollte. Denn die übrigen Parteivorstandsmitglieder waren alle Mitglieder des Reichstages, gehörten dem Fraktionsvorstand an oder traten als Hauptredner zum Reichshaushalt auf, nahmen daneben Redakteurs- oder Geschäftsführerpositionen bei parteieigenen Zeitungen ein, hatten zahlreiche weitere, auch internationale Verpflichtungen und einige von ihnen waren durch Alter und Krankheit gezeichnet: Für die tägliche Büroarbeit fielen sie mit Ausnahme des Kassierers Alwin Gerisch in der Praxis völlig aus. Diese administrativen Tätigkeiten übernahm Ebert, und in den ersten Jahren seiner Parteivorstandsmitgliedschaft dominierten sie zweifelsfrei seine Arbeit. Dabei handelte es sich zunächst einmal um die Ausführung der Beschlüsse des Jenaer Parteitages von 1905, endlich einen vollständigen Überblick über den Mitgliederbestand der Partei zu gewinnen, den organisatorischen Aufbau der Partei vor allen Dingen auf lokaler und regionaler Ebene voll durchzubilden und dem 1905 vom Parteitag beschlossenen Organisationsstatut anzugleichen, sodann eine Büroreform für die lokalen und regionalen Parteistellen in Analogie zu der des Parteivorstandes durchzuführen, schließlich aber auch durch sorgfältige statistische Untersuchungen der Partei Material für Mitgliederwerbung und für auf lokale bzw. regionale Besonderheiten eingehende Wahlagitation zu liefern.

Solche organisatorischen Arbeiten waren freilich nicht das alleinige Werk Eberts, vielmehr war die Konzeption von einer viel größeren Gruppe entwickelt worden, zu der neben den Vorstandsmitgliedern Gerisch, Müller und Pfannkuch vor allem auch Wilhelm Dittmann gehörte. Andererseits lag die praktische Verwirklichung zumindest bis 1909/10 fast ausschließlich bei Ebert, der sich eben nicht scheute, mit unendlicher Geduld auch noch dem letzten Ortsverein Ratschläge zu erteilen, auf regelmäßige Berichterstattung durch die untergeordneten Parteiinstanzen zu achten und über diesen „kleinen Akten" viele Stunden seiner Arbeitszeit zu verbringen. So wenig die breitere Öffentlichkeit und vielleicht auch die Mehrheit der Parteimitglieder von solchen Aktivitäten Kenntnis nahm, so vertraut waren Ebert und seine Leistungen selbstverständlich den vielen tausend haupt- und nebenamtlichen Funktionären der Partei. Und offensichtlich wußten diese seine Arbeit auch zu schätzen, wofür zumindest als ein Indikator die ziemlich einhellige Zustimmung zu Ebert bei den jährlichen Vorstandswahlen anzusehen ist. Auch im Parteivorstand selbst festigte sich Eberts Stellung zunehmend, gewann er vor allem das Vertrauen von Bebel, der anfangs wohl starke Reserven gegen ihn gehabt hatte. Dies hatte zur Folge, daß ihm zunehmend neben den rein administrativen Aufgaben politisch wichtige Funktionen übertragen wurden: Er wurde der offizielle Verbindungsmann des Parteivorstandes zur Generalkommission der freien Gewerkschaften und nahm in dieser Funktion regelmäßig an den Sitzungen der Vertreter der Zentralverbände teil, wodurch er bald über die Interna der Gewerkschaftsbewegung genauso gut informiert war wie über die der Partei, zumal er wohl das einzige Mitglied beider Vorstände war, das praktisch keine der Sitzungen versäumte. Aufbau und Leitung der von Gewerkschaften und Partei gemeinsam getragenen Arbeiterjugendbewegung wurden in der Praxis von Ebert wahrgenommen. Und da er in so hohem Maße das Vertrauen auch der Gewerkschaften besaß, wurden ihm von diesen auch einige Aufgaben in den Beziehungen zu ausländischen Gewerkschaften sowie vor allem in der internationalen Arbeiterjugendbewegung übertragen. Allerdings blieben die internationalen Beziehungen der Partei wie überhaupt außenpolitische Fragen bis 1914 ein schwacher Punkt Eberts, der sich hiermit verhältnismäßig wenig beschäftigte, sich wahrscheinlich auch deswegen zurückhielt, weil er über keine Fremdsprachenkenntnisse verfügte.

Die wichtigsten politischen Aufgaben Eberts innerhalb der Partei waren jedoch eine direkte Konsequenz seiner Verwaltungstätigkeit; seit 1908 war er so etwas wie ein „missus dominicus", ein Sendbote des Parteivorstandes, zu den regionalen und lokalen Organisationen, der über die Durchführung der Parteitagsbeschlüsse wachte, in organisatorischen und politischen Fragen, bei Wahlkämpfen und Agitationsveranstaltungen ratend und helfend zur Verfügung stand, interne Streitigkeiten schlichtete, Wünsche und Forderungen der nachgeordneten Parteiinstanzen gegenüber dem Parteivorstand vertrat und dabei in erster Linie für die ideologische, praktisch-politische und organisatorische Einheit der Partei zuständig war. Ähnlich scheint auch seine Funktion gegenüber der Parteipresse gewesen zu sein, obwohl hier nicht mehr als dunkle Andeutungen über seine wirkliche Tätigkeit zur Verfügung stehen.

Zu Recht hat Buse in seiner Untersuchung über Friedrich Ebert festgestellt, daß dieser schon 1911/12 im Vergleich zu den übrigen Vorstandsmitgliedern – natürlich abgesehen von Paul Singer, der 1911 starb, und von August Bebel – in der praktischen Parteiarbeit einschließlich der Sonderorganisationen für die Jugend und die Frauen auf nationaler, regionaler und lokaler Ebene die bei weitem höchste Erfahrung besaß, daß er mit den Presseangelegenheiten, den Parteifinanzen und der Gewerkschaftsarbeit wie kaum ein anderer vertraut war, daß er die Wirtschafts- und Sozialpolitik, auch ohne Mitglied des Reichstags zu sein, genau kannte und daß es nur in den Bereichen internationale Beziehungen und Bildungspolitik Mitglieder des Vorstandes gab, die ihm überlegen waren. Damit war er von den Parteivorstandsmitgliedern eigentlich prädestiniert zur Nachfolge des 1911 verstorbenen Paul Singer, und innerhalb der Partei, namentlich auch bei den Gewerkschaftsführern, gab es starke Bestrebungen, ihn zu wählen; selbst August Bebel favorisierte ihn sehr frühzeitig – wenn auch wohl nur zeitweise – für die Nachfolge. Dennoch lehnte Ebert diesen Vorschlag ab und empfahl seinerseits die Wahl Hugo Haases, die dann auch unter allerdings außergewöhnlichen Umständen – nur 283 Delegierte wählten Haase, 102 stimmten für den nicht kandidierenden Ebert – erfolgte. Eberts Entscheidung, vorerst auf den Parteivorsitz zu verzichten, der wohl für ihn erreichbar gewesen wäre, da Bebel ihm die Unterstützung nicht hätte versagen können, hatte, so muß vermutet werden, in erster Linie parteiinterne Gründe. Ebert wollte verhindern, daß die Vorstandswahl vor den allgemein als überaus aussichtsreich für die Partei angesehenen

Reichstagswahlen von 1912 in einem öffentlichen Schlagabtausch zwischen den Parteiflügeln endete.

Wahl in den Reichstag 1912

Vielleicht hat für seine Entscheidung aber auch eine Rolle gespielt, daß er damals für die Führung der Partei eine wichtige Funktion noch nicht besaß: die Mitgliedschaft im Reichstag. Ebert hatte, seitdem er 1898 bei den Reichstagswahlen das passive Wahlrecht erhalten hatte, verschiedene Anläufe unternommen, ein Mandat zu gewinnen. 1898 im 3. oldenburgischen Wahlkreis, 1903 im 18. hannoverschen Wahlkreis (Stade), was in beiden Fällen ein ziemlich aussichtsloses Unterfangen für einen sozialdemokratischen Kandidaten darstellte. 1907 hatte er wohl wegen der Überlastung mit Organisationsarbeiten für die überraschend angesetzten Neuwahlen von vornherein auf eine sicher mögliche Kandidatur in seinem wenig aussichtsreichen alten Wahlkreis verzichtet. Für die Reichstagswahlen 1912 wurde Ebert bereits im Jahre 1910 als Kandidat für den Wahlkreis Elberfeld-Barmen, das heutige Wuppertal, aufgestellt. Wie es zu dieser Kandidatur im einzelnen gekommen ist, läßt sich mit Sicherheit nicht mehr feststellen: Doch spricht vieles dafür, daß sein Parteivorstandskollege Hermann Molkenbuhr, der diesen Wahlkreis von 1898 bis 1907 im Reichstag vertreten hatte und dessen Sohn Arthur bei der Elberfelder Freien Presse Redakteur war, hilfreich auf die örtlichen Parteigremien eingewirkt hat. Daneben dürfte Eberts Teilnahme an den Parteitagen des niederrheinischen Bezirks der Sozialdemokratischen Partei 1908 und 1909 dafür gesorgt haben, daß er den entscheidenden Persönlichkeiten des Wahlkreises bekannt war. Interessant an der Tatsache, daß Ebert die Kandidatur in diesem Wahlkreis übertragen wurde, sind zwei Aspekte: Einmal hatte eine nachgewiesenermaßen in vielen Sachfragen verhältnismäßig „radikale“ Wahlkreisorganisation keine Bedenken, ihn aufzustellen. Das spricht dafür, daß Eberts Wirken im Parteivorstand von allen Seiten anerkannt wurde und er zumindest in der Parteiöffentlichkeit nicht als ausgesprochener Exponent des revisionistischen oder reformistischen Flügels galt, sondern seine Haltung wohl zutreffend als auf Ausgleich und Wahrung der Parteieinheit gerichtet bewertet wurde. Zum anderen fällt natürlich auf, daß Ebert in einem Wahlkreis kandidierte, der keineswegs als absolut sicher gelten konnte, was die weitverbreitete Vorstellung, der Parteivorstand habe seinen Mitgliedern stets sichere Wahlkreise verschafft, nicht gerade stützt. Auf jeden Fall scheint sich Ebert dessen bewußt gewesen zu sein, daß der

Erfolg seiner Kandidatur nur durch besondere Anstrengungen gesichert werden konnte, denn schon lange vor dem offiziellen Wahlkampf ab November 1911 hat er in Elberfeld und Barmen zahlreiche öffentliche Veranstaltungen abgehalten. Und tatsächlich verfehlte Ebert im 1. Wahlgang im Januar 1912 mit einem Stimmenanteil von 49,5 v. H. knapp den Sieg und mußte in die Stichwahl mit einem konservativen Gegenkandidaten, den er dann allerdings mit über 2600 Stimmen Mehrheit schlug. Um den nicht leicht gewonnenen Wahlkreis hat Ebert sich in den folgenden Jahren sehr intensiv bemüht; regelmäßig erschien er zur Berichterstattung bei seinen Wählern und sprach zu wichtigen politischen Fragen im Wahlkreis, hielt sich über die örtlichen parteiinternen wie allgemeinen wirtschafts- und sozialpolitischen Fragen auf dem laufenden und verstand sich im Reichstag durchaus auch als Lobbyist für seinen Wahlkreis.

Obwohl Ebert 1912 ein Neuling in der immerhin 110 Abgeordnete umfassenden sozialdemokratischen Reichstagsfraktion war und eine ganze Reihe von Abgeordneten sehr viel mehr parlamentarische Erfahrungen als er besaß, wählte ihn die Fraktion dennoch sofort in ihren nur sieben Mitglieder umfassenden Vorstand. Auch dies deutet darauf hin, daß Ebert bei der großen Mehrheit der führenden Mitglieder der Partei eine hohe Wertschätzung besaß, wobei freilich eine Rolle gespielt haben dürfte, daß er zur Austarierung der Parteiflügel im Fraktionsvorstand benötigt wurde. Auf die Formulierung der Politik der Sozialdemokratischen Partei im Reichstag hat Ebert schon vor 1914 entscheidenden Einfluß in allen wichtigen Fragen wie etwa bei der Zustimmung zu den Finanzvorlagen im Frühjahr 1913 genommen, aber öffentlich vertreten hat er im Reichstag die Partei bis 1914 nur auf seinem Spezialgebiet, nämlich der Sozialpolitik, und das vornehmlich bei den Beratungen des Haushalts der Reichspost- und Telegraphenverwaltung, für den er als Hauptredner der Sozialdemokratischen Partei eingeteilt war. Seine Reden zu dieser bisweilen sehr trockenen Materie, bei der es in der Regel eben nicht um große politische Streitfragen ging, zeugten von hoher Kompetenz, von bis in die kleinsten Einzelheiten gehender Detailkenntnis, aber sie verloren sich nicht in bloßer Faktenhuberei. Vielmehr wußte Ebert sehr wohl die Verbindungen zwischen seinem sehr spezialisierten Gebiet und den gesellschaftlichen und politischen Rahmenbedingungen des kaiserlichen Deutschlands herzustellen, wies an äußerlich als Kleinigkeiten erscheinenden Fragen wie etwa der Behandlung der Postunterbeamten oder der weiblichen Postangestellten die Reformbedürftigkeit dieses Systems nach und scheute dabei auch nicht vor wohlberechneten Ausfällen gegen die Reichsregierung zurück. Auch die bürgerlichen Parteien wurden von ihm keineswegs geschont und bisweilen brachte er selbst grundsätzliche

***Friedrich Ebert (31)**

(Soz., St. bish. Abg. Linz, Rp.)

Parteisekretär s. 06, Treptow b. Berlin. Geb. 4./2. 71 Heidelberg (konflos.), V.: Schneidermeister. Volksschule 77/85 Heidelberg, lernte in Heidelberg als Sattler, 92 Redakteur d. Bremer Bürgerzeitung, 00 Arbeitersekretär in Bremen, Ende 05 zum Mitgl. d. Parteivorstands der sozd. Partei Deutschlands gewählt. Vors. d. Zentralstelle f. d. arbeitende Jugend Deutschlands. 00/06 M. d. Bremer Bürgerschaft u. Bremer Bürgeramt. R. s. 12. Sozialpolitik. **Kassierer der Fraktion.**

Aus „Kürschners Deutscher Reichstag. Biographisch-statistisches Handbuch 1912 bis 1917" für die XIII. Legislaturperiode. Ebert vertrat den Wahlkreis Barmen-Elberfeld bis zur Revolution 1918.

Überlegungen zum Regierungssystem und den der Sozialdemokratie notwendig erscheinenden Änderungen in solchen Reden unter. Freilich – verglichen mit anderen Mitgliedern des Fraktions- und Parteivorstandes und selbst einfachen Fraktionsmitgliedern – sprach Ebert nur selten im Reichstag und vor 1914 in keinem einzigen Fall zu den wichtigen, die Partei und die Öffentlichkeit bewegenden Fragen wie etwa dem Balkankrieg, den Wehrvorlagen 1912 und 1913 oder der Zabernaffäre. Allerdings tat dieses seltene Auftreten im Reichstag seiner Position in der Partei keinen Abbruch, sondern wurde offensichtlich als ein rationales Verhalten für Ebert, der schließlich erst 1912 in den Reichstag gewählt worden war, akzeptiert, wobei es auch eine Rolle gespielt haben mag, daß seine Zurückhaltung anderen Fraktionsmitgliedern die Chance gab, sich im Reichstag zu profilieren.

Wahl zum Parteivorsitzenden

Als August Bebel 1913 starb, galt Ebert aufgrund seiner Arbeit im Parteivorstand und in der Fraktion, durch seine Verbindungen zu den Gewerkschaften und den lokalen und regionalen Parteiorganisationen als legitimer Erbe Bebels. So gab es in der Partei keinerlei ernsthafte Opposition, als der Parteivorstand Ebert als Bebels Nachfolger präsentierte. Mit 433 von 473 abgegebenen Stimmen wurde er auf dem Parteitag im September 1913 zum Mitvorsitzenden der Sozialdemokratischen Partei neben Hugo Haase gewählt. Als Parteivorstandsmitglied und Mitvorsitzender der Partei hat Ebert stets die Flügelkämpfe in der Partei zu dämpfen gesucht und zugleich die von Bebel begründete Tradition fortgesetzt, zwischen verkündeten politischen Endzielvorstellungen und aktueller Tagesarbeit auch hinsichtlich der hierfür anzuwendenden politischen Taktik säuberlich zu trennen. Da Ebert die in Jahrzehnten gewachsene persönliche Autorität August Bebels fehlte, er darüber hinaus aber wohl auch wegen seiner bekannten Abneigung gegen theoretische Streitigkeiten nicht willens war, ähnlich wie Bebel aufzutreten, der auf allen Parteitagen bei den Auseinandersetzungen mit den Revisionisten energisch für die Reinheit der Lehre plädiert hatte, um diese Bekenntnisse bei den meisten politischen Tagesentscheidungen möglichst schnell wieder zu vergessen, griff er öffentlich in diese Auseinandersetzungen nur selten ein. Vielleicht – diese Überlegung ist aufgrund des Fehlens eigener Zeugnisse natürlich nur spekulativer Natur – verstand er die Spitzfindigkeiten, mit denen sich die Theoretiker der Partei bekämpften und um die „wahre" Auslegung der Schriften von Marx und Engels stritten, auch gar nicht mehr – wie die meisten Parteigenossen; sicher aber sah Ebert in diesen selbstzerstörerischen Streitigkeiten eine Gefährdung der Organisation, von der er, der Organisationsfachmann, zu genau wußte, daß sie die einzige reale Machtbasis der deutschen Arbeiterbewegung war. Und Ebert wußte wohl auch, daß es die Aufgabe des Parteivorsitzenden war, auseinanderstrebende Tendenzen zu integrieren und immer von neuem auf das gemeinsame politische Ziel zu konzentrieren. Und dieses Ziel war für ihn seit seinen ersten tastenden Anfängen als Politiker in den 90er Jahren immer ziemlich unverändert geblieben: Es galt, die Lebensbedingungen der deutschen Arbeiterschaft zu verbessern, ihre politische und soziale Gleichberechtigung zu erkämpfen. Dazu war ihm keine Aufgabe zu unbedeutend, als daß er sie nicht übernommen hätte, wie seine Tätigkeiten als Arbeitersekretär und Vorstandsmitglied der Sozialdemokratischen Partei beweisen, wenn sie nur praktische Resultate zu bringen versprachen. Ebert war so etwas wie ein bewußter Verteidiger der „Politik der kleinen Schritte", da er sehr realistisch die Chancen für die „große" Veränderung unter den gegebenen politisch-sozialen Machtverhältnissen des Kaiserreichs gering einschätzte. Damit gab er freilich nicht die Hoffnung auf grundlegende Veränderungen auf, sondern war auch weiterhin bereit, jede sich dazu bietende Chance zu ergreifen.

Zitierte und weiterführende Literatur

Arbeiterkultur, hrsg. v. Gerhard A. Ritter, Königstein/Ts. 1979.

Arbeitersekretariat Bremen. Jahrbuch 1900ff.

Dieter K. Buse, Friedrich Ebert and German Socialism, 1871–1919. Ph. D. Diss. University of Oregon 1972.

Ders. (Hrsg.), Parteiagitation und Wahlkreisvertretung. Eine Dokumentation über Friedrich Ebert und seinen Reichstagswahlkreis Elberfeld-Barmen 1910–1918, AfS, B.H. 3, Bonn-Bad Godesberg 1975.

Friedrich Ebert, Schriften, Aufzeichnungen, Reden. Mit unveröffentlichten Aufzeichnungen aus dem Nachlaß, 2 Bde., Dresden 1926.

Friedrich Ebert, Kämpfe und Ziele. Mit einem Anhang: Erinnerungen von seinen Freunden, Dresden 1926.

Ergebnis einer statistischen Erhebung über die Lebensverhältnisse der bremischen Arbeiter. Bearbeitet im Arbeitersekretariat Bremen, Bremen 1902.

Dieter Fricke, Die deutsche Arbeiterbewegung 1869–1914, (Ost-)Berlin 1976.

Peter Friedemann (Hrsg.), Materialien zum politischen Richtungsstreit in der deutschen Sozialdemokratie 1890–1917, 2 Bde., Frankfurt a. M.–Berlin–Wien 1978.

Dieter Groh, Negative Integration und revolutionärer Attentismus. Die deutsche Sozialdemokratie am Vorabend des Ersten Weltkrieges, Frankfurt a. M.–Berlin–Wien 1973.

Wolfgang Köllmann, Sozialgeschichte der Stadt Barmen im 19. Jahrhundert, Tübingen 1960.

Georg Kotowski, Friedrich Ebert, eine politische Biographie. Bd. 1. Der Aufstieg eines deutschen Arbeiterführers 1871–1917, Berlin 1963.
Karl-Ernst Moring, Die Sozialdemokratische Partei in Bremen 1890–1914. Reformismus und Radikalismus in der Sozialdemokratischen Partei Bremens, Hannover 1968.
Siegfried Nestriepke, Die Gewerkschaftsbewegung, Bd. 1, Stuttgart 1920.
Protokoll über die Verhandlungen des Parteitages der Sozialdemokratischen Partei Deutschlands 1899 ff., Berlin 1899 ff.
Philip Scheidemann, Memoiren eines Sozialdemokraten, 2 Bde., Dresden 1928.
Ursula Schulz (Hrsg.), Friedrich Ebert in Bremen, Bremen 1963.
Hagen Schulze, Otto Braun oder Preußens demokratische Sendung, Frankfurt a. M.–Berlin–Wien 1977.

4. Vom Parteiführer der Opposition zum Wegbereiter der Koalition der Mitte (August 1914 bis September 1918)

„Statt eines Generalstreiks führen wir... für das preußische Wahlrecht einen Krieg": Sozialdemokratie und Kriegskreditbewilligung

Als die sozialdemokratische Reichstagsfraktion am 3. August 1914 mit großer Mehrheit beschloß, am nächsten Tage im Reichstag für die Bewilligung der Kriegskredite zu stimmen, waren zumindest die deutsche Öffentlichkeit, die sozialistischen Bruderparteien der Internationale und wohl auch viele Mitglieder der Partei über diese Entscheidung überrascht. Denn nicht nur die lange durchgehaltene Tradition, die Zustimmung zu allen Rüstungsausgaben zu verweigern, sondern auch die noch wenige Tage zuvor aufgrund des Aufrufs des Vorstandes der Sozialdemokratischen Partei stattgefundenen Demonstrationen für die Aufrechterhaltung des Friedens, an denen mehrere hunderttausend Menschen teilgenommen hatten, schienen eher auf eine Verweigerung der Kriegskredite oder zumindest auf eine Enthaltung bei der Abstimmung hingedeutet zu haben. Und wer sich nur an den äußeren Erscheinungsformen sozialdemokratischer Politik vor 1914 bei seiner Urteilsbildung orientiert hatte, mußte nun wiederum aus dieser Entscheidung eine ostentative Kehrtwendung der Sozialdemokratie herauslesen und vermuten, sie habe sich von dem Gedanken des Internationalismus losgesagt und sei nun endlich in den breiten Strom der von allen übrigen politischen Parteien und Gruppierungen getragenen nationalen Politik eingemündet. Tatsächlich kann die Entscheidung der Reichstagsfraktion für die Kriegskreditbewilligung in dieser Weise interpretiert werden, und zwar auch deshalb, weil zumindest Teile der Fraktion ihre Entscheidung so verstanden. Aber wenn man die Kriegskreditbewilligung in dieser Art interpretiert, wird damit verdrängt, daß sie in Wirklichkeit durchaus der bisher verfolgten politischen Praxis der Sozialdemokratie bzw. ihrer großen Mehrheit entsprach, deren Konsequenzen allzu lange vom verbalen Radikalismus ihrer Führer überdeckt worden waren. Was durch die Entscheidung vom 3. August 1914 wirklich geschah, war nicht so sehr die Änderung einer politischen Grundhaltung als vielmehr, daß jetzt diese Grundhaltung der breiten Öffentlichkeit und auch dem letzten der eigenen Mitglieder mit unmißverständlicher Klarheit demonstriert wurde. Insofern kann man auch sagen, daß am 3. und 4. August 1914 die Sozialdemokratische Partei symbolisch ihren Frieden mit der deutschen Nation schloß. Das bedeutete freilich nicht, daß die Sozialdemokraten bewußt oder unbewußt ihren

Frieden mit den im deutschen Kaiserreich bestehenden politischen, sozialen und ökonomischen Verhältnissen geschlossen hätten. Gerade die entschiedensten Befürworter der Kreditbewilligung sahen hierin die Chance zur Überwindung des innenpolitischen Status quo. Sie glaubten – wenn die Haltung der Reichsleitung während der ersten Kriegsmonate betrachtet wird, nicht ganz zu unrecht –, daß sie durch ihre Option für den nationalen Staat und gegen den Gedanken des Internationalismus – die übrigens bei allen sozialdemokratischen Parteien der kriegführenden Länder mit Ausnahme Italiens erfolgt war – auch gegenüber der Reichsleitung eine Legitimation gewonnen hatten, gestaltend in den politischen Entscheidungsprozeß des Reiches eingreifen und eine grundlegende Wandlung der Herrschaftsstruktur Deutschlands einleiten zu können. Der kurz nach Kriegsausbruch als Freiwilliger gefallene badische Reichstagsabgeordnete Ludwig Frank brachte diesen Gedanken in einem kurz vor seinem Tode geschriebenen Brief auf die knappe Formel: „Statt eines Generalstreiks führen wir hier für das preußische Wahlrecht einen Krieg."

Geleitet von solchen Überlegungen und in der Hoffnung auf ganz konkrete soziale, ökonomische und politische Vorteile, die aus dem eigenen Handeln erwachsen würden, nahm die Mehrheit der Fraktion die Gefahr einer Spaltung von Partei und Fraktion auf sich. Denn eine solche Gefahr für die Einheit der Arbeiterbewegung bestand von Anfang an, da die nach außen demonstrierte Einheit der Partei von einer Reihe von Personen und Gruppierungen bedroht wurde: Unter Führung des einen Parteivorsitzenden Hugo Haase opponierte der linke Flügel in der Fraktion gegen die Kreditbewilligung und ihm schlossen sich sowohl die Linksradikalen um Rosa Luxemburg und Karl Liebknecht wie auch eine Reihe von Abgeordneten, z. B. Eduard Bernstein, an, die in den ideologischen Auseinandersetzungen der Zeit vor 1914 ihre Gegner gewesen waren. Daneben aber gab es auch eine Gruppe von Abgeordneten, denen die bloße Zustimmung zu den Kriegskrediten nicht genug war, sondern die jetzt tatsächlich ein bewußtes Bekenntnis zum kaiserlichen Deutschland ablegen wollten. Die Mehrheit in Parteivorstand und Fraktion unter Führung von Ebert aber vertrat eine vermittelnde Linie. Sie ließ sich nicht von dem nationalen Überschwang fortreißen wie manche Redaktionen sozialdemokratischer Zeitungen im August und September 1914; sie glaubte noch nicht einmal uneingeschränkt der Behauptung der deutschen Regierung, Deutschland sei durch das Verhalten Rußlands zu einem Verteidigungskrieg gezwungen worden, eine Behauptung, die von der Regierung ja gerade mit dem Ziel aufgestellt worden war, um die bekannte Rußlandfeindschaft der Sozialdemokratie, deren radikale Ablehnung der innenpolitischen Zustände im zaristischen Rußland bekannt war, für die Zustimmung zu den Kriegskrediten zu mobilisieren; vielmehr war die Mehrheit in Partei und Fraktion höchst unsicher, ob nicht doch die deutsche Politik viel stärker für den Kriegsausbruch verantwortlich war, als man aufgrund der öffentlich zugänglichen Informationen vermuten konnte. Aber sie vertrat die Auffassung, daß der Krieg, den zu verhindern eben nicht in der Macht der deutschen Sozialdemokratie gelegen hatte, eine vielleicht nie wiederkehrende Chance bot, den langandauernden Integrationsprozeß der deutschen Arbeiterschaft in den Staat zu beschleunigen und dadurch letzten Endes diesen bisher stets bekämpften Staat und seine Herrschaftsordnung im Sinne sozialdemokratischer Politik zu verändern. In der gegebenen Situation bedeutete diese Haltung die endgültige Abdankung der Politik der revolutionären Phraseologie, die trotz eindeutig reformistischer Praxis die Politik der Sozialdemokratie bis Kriegsausbruch bestimmt hatte. Wer in dieser Stellungnahme der Fraktion nur die Übernahme bürgerlicher Einheitsfrontideologie unter bewußter Außerachtlassung der Interessen der Arbeiterschaft als Klasse sehen will, verkennt diese Beweggründe. Darüber hinaus hätte die Weigerung der Sozialdemokratischen Partei, jetzt bei Kriegsausbruch eine gewisse gemeinsame Basis für alle in der politischen Verantwortung Stehenden anzuerkennen, oder gar ein Entschluß zum Generalstreik, der im Volk sicher keine Resonanz gefunden hätte, wohl für lange Zeit die Möglichkeit zur Gewinnung der Zustimmung der Mehrheit des Volkes für die Prinzipien sozialdemokratischer Politik verbaut. Eine Partei, die wie die Sozialdemokratie jedoch in ihrer großen Mehrheit ein demokratisch legitimiertes Votum der Bürger als Voraussetzung für die Gewinnung politischer Macht ansah, konnte einen solchen Weg nicht beschreiten.

Eberts Haltung zu Kriegskrediten und „Burgfriedenspolitik"

Friedrich Ebert hat an der entscheidenden Fraktionssitzung am 3. August 1914 nicht teilgenommen. Nachdem ihn in seinem Urlaubsort auf Rügen am 27. Juli die Nachrichten über die zunehmende Verschärfung der internationalen Lage erreicht hatten, wandte sich Ebert am gleichen Tag zunächst brieflich an den Parteivorstand mit dem Rat, eine Kundgebung des Internationalen Sozialistischen Büros für den Frieden im Sinne des Aufrufs des deutschen Parteivorstandes vom 25. Juli zu veranlassen, warnte jedoch den Vorstand sogleich auch vor den Gefahren, die ein Krieg für die Partei mit sich bringen würde:

„In unserem Parteiinnern wird's wohl auch Schwierigkeiten geben, Krieg und die mächtige Wiederbelebung der Arbeiterbewegung in Rußland werden die Rosa-Gruppe (gemeint ist die Gruppe um Rosa Luxemburg) doch mit neuen Plänen erfüllen."

Die insgesamt wohl pessimistische Beurteilung der Friedenschancen veranlaßte dann Ebert, bereits am nächsten Tag nach Berlin zu fahren. Um 16 Uhr traf er im Büro des Parteivorstands ein, wohin auch Scheidemann gekommen war. Hier wurde vom Parteivorstand beschlossen, Friedrich Ebert und Otto Braun mit der Parteikasse im Falle einer weiteren Verschärfung der außenpolitischen Situation in die Schweiz zu entsenden, um bei einer Aktion der Regierung gegen die sozialdemokratische Parteiorganisation die Partei im Notfall aus dem Exil leiten zu können. Zugleich wurde beschlossen, Ebert zu der am 29. Juli in Brüssel stattfindenden Sitzung des Internationalen Sozialistischen Büros nicht zu entsenden und Haase – auf Eberts Verlangen – die Weisung gegeben, er solle für die Vertagung des für den August in Wien geplanten Internationalen Sozialistenkongresses „bis auf weiteres" eintreten. Ebert und Braun zögerten ihre Abreise immer wieder hinaus, bis am Nachmittag des 30. Juli das – später dementierte – Sonderblatt des Berliner Lokalanzeigers über die bevorstehende deutsche Mobilmachung sie zur Abreise in die Schweiz veranlaßte. Bei ihrem Aufenthalt in Zürich stellten sie aber sehr schnell fest, daß eine Basis für eine fruchtbare Exilarbeit nicht gegeben war, und Ebert trat daher am 2. August abends die Rückreise nach Berlin an, wo er erst am 4. August um 14 Uhr eintraf, nachdem die Entscheidung in der sozialdemokratischen Reichstagsfraktion gefallen war und auch bereits die Verhandlungen mit der Reichsregierung über die sozialdemokratische Sondererklärung zum Kriegsausbruch und zur Kreditbewilligung stattgefunden hatten.

Wenn Ebert auch durch diese äußeren Umstände an der Diskussion und Meinungsbildung innerhalb der Partei nicht unmittelbar hatte teilhaben können, so gab es keinen Zweifel an seiner Stellungnahme.

„Ich habe Sch(eidemann) erklärt, daß ich mit der Mehrheit (scil. der Fraktion) gestimmt hätte. Haase war bei der Minderheit. Als ich ihn begrüßte, meinte er, er hätte mich in den letzten Tagen sehr vermißt. Später gab ich ihm zu verstehen, daß ich nicht auf seiner Seite gestimmt hätte.

Die Reichstagssitzung (am 4. 8. 1914) hat auf mich einen tiefen Eindruck gemacht. Der Krieg mit Rußland und Frankreich war zur Tatsache geworden. England lag auf der Lauer, um unter irgendeinem Vorwand ebenfalls loszuschlagen. Italien macht nicht mit, und Öster-

reich ist eben Österreich. Die Gefahr ist groß, auch unsere Leute standen alle unter diesem Eindruck. Der Reichskanzler sprach geschickt und wirkungsvoll. Er kennt unsere Stellung schon. Man merkt's, daß ihm diese Tatsache eine große Sicherheit gegeben hat. Bei der Äußerung ..., die der Kanzler an uns gewendet machte, brachen die Bürgerlichen in anhaltenden stürmischen Beifall aus. Sie erhoben sich, auch die Tribünenbesucher, Bundesratstribüne und alle jubelten uns zu. Der größere Teil der Fraktion erhob sich dabei, jeder ruhig und ernst, ich und auch Sch(eidemann) sind ebenfalls aufgestanden, während Led(ebour) hinter uns Gift spie.
Nach der Reichskanzlerrede vertagte sich der Reichstag bis 5 Uhr. Zwischendurch fand eine Fraktionssitzung statt. Regierung will in unserer Erklärung den Passus wegen unserer Stellung zum Eroberungskrieg geändert haben. Ledebour, Stadthagen und einige andere skandalierten, weil einige Fraktionskollegen eine Stelle der Reichskanzlerrede beklatscht hatten. So sehr das auch zu verurteilen war (es handelt sich besonders um David, Heine, Cohen, Frohme), das Auftreten Ledebours und Stadthagens war ekelhaft."

Eberts Tagebucheintragung macht deutlich, daß er für die Bewilligung der Kriegskredite war, ja daß es ihm – wie vielen seiner Parteigenossen – eine besondere Genugtuung bereitete, daß die Reichsregierung in der Stunde der „nationalen Gefahr" – von der Ebert glaubte, sie sei nicht oder jedenfalls nicht vornehmlich von Deutschland verschuldet – an die vielgeschmähten „unnationalen" Sozialdemokraten appellierte und um ihre Mitarbeit bat. Sich in der gegebenen Situation diesem Appell zu verschließen, hätte für Ebert die Selbstaufgabe als Politiker bedeutet. Gerade seine häufig beklagte, extreme Praxisorientiertheit implizierte jedoch einen energischen Willen zum politischen Handeln. Konkrete Verbesserungen der wirtschaftlichen, sozialen und politischen Lage der Arbeiterschaft, gestützt auf eine funktionierende Organisation von Partei und Gewerkschaften – das waren seine Ziele. Zwar gab es in der Sozialdemokratie durchaus auch Stimmen, die eine Verbindung von Kreditbewilligung und innenpolitischen Reformen als „Schacherpolitik" verurteilten. Aber unzweifelhaft haben die meisten Befürworter der Kreditbewilligung ebenso wie Ebert auf ein solches Geschäft auf Gegenseitigkeit spekuliert, eine Auffassung, die die Konservativen teilten und deren Konsequenzen sie fürchteten, weswegen sie die Zustimmungserklärung der sozialdemokratischen Fraktion im Reichstag mit eisigem Schweigen quittierten. Hierin kam zum Ausdruck, daß die sogenannte „Burgfriedenspolitik" von den politischen Gegnern der Sozialdemokratie nur so lange akzeptiert werden würde, wie der politische und gesellschaftliche Status quo nicht verändert würde. Adressat dieser Demonstration der Konservativen waren daher auch nicht die sozialdemokratischen Abgeordneten, sondern die Reichsregierung unter Bethmann-Hollweg, dem unmißverständlich angedeutet wurde, daß er, sollte er den „Burgfrieden" etwa um den Preis einer innenpolitischen Machtverschiebung aufrechterhalten wollen, mit dem erbitterten Widerstand der bisher bevorrechteten politischen Kräfte zu rechnen hatte.

Um den „Burgfrieden" in der Sozialdemokratischen Partei

Obwohl Ebert eindeutig die Kriegskreditbewilligung befürwortete und dies als Chance bewertete, der Reichsregierung reale Zugeständnisse an die Arbeiterbewegung abzutrotzen, war er aus Gründen, die nur in seinem Wunsch nach Aufrechterhaltung der Parteieinheit zu sehen waren, gegen jede Demonstrationspolitik. Deshalb verurteilte er den Beifall einzelner rechtsstehender Fraktionsgenossen für die Rede Bethmann-Hollwegs am 4. August, so nahe er ihnen politisch auch stand, zumal Beifall für die Regierung von den Sozialdemokraten – so seine charakteristische Begründung – allen Traditionen der Partei widersprach. Die Aufrechterhaltung der Einheit von Partei und Fraktion blieb trotz der persönlichen und politischen Aversionen, die Ebert gegen die Vertreter der Parteilinken empfand, auch weiterhin sein oberstes Ziel. Und diese Bemühungen wurden zunächst auch von allen Gruppierungen in der Partei gestützt, da – sogar auf ausdrücklichen Wunsch der dissidierenden Fraktions- und Vorstandsminderheit – verabredet wurde, die Meinungsverschiedenheiten innerhalb von Fraktion und Vorstand nicht an die Öffentlichkeit dringen zu lassen, sondern einen innerparteilichen „Burgfrieden" zu schließen. Diese Politik des innerparteilichen Ausgleichs schien sich trotz der sofort entstehenden informellen Sondergruppierungen von Rechten und Linken in der Partei, die beide tatkräftig darauf hinarbeiteten, Mitglieder, Funktionäre und vor allem die Parteiblätter auf ihre Seite zu ziehen, zu bewähren; denn bei der Abstimmung über die zweite Kriegskreditvorlage im Dezember 1914 konnten bis auf Karl Liebknecht noch einmal alle dissidierenden Fraktionsmitglieder wenigstens im Reichstagsplenum zu einer einheitlichen Stimmabgabe bewogen werden. Doch Ebert unterschätzte in dieser Situation offensichtlich den sowohl im rechten wie im linken Flügel der Partei vorhandenen Willen, auf Kollisionskurs zu gehen und von der Partei eine eindeutige Stellungnahme für oder gegen die Kreditbewilligungen, das hieß in der Konsequenz für oder gegen den sozialreformerischen Kurs, zu erzwingen. Während der von Eduard David, Wolfgang Heine, Albert Südekum und den Vertretern der Generalkommission geführte rechte Flügel der Partei verlangte, einen klaren Trennungsstrich zwischen der Parteimehrheit und dem Liebknecht-Flügel zu ziehen, verhinderte Ebert – unterstützt von Hugo Haase – den Ausschluß Karl Liebknechts aus der Reichstagsfraktion, da ein einmaliger „Disziplinbruch" nach allen Traditionen der Partei nicht zum Ausschluß führen durfte. Eberts Haltung in dieser Frage trug ihm gerade von seiten des rechten Flügels recht unfreundliche Kommentare ein; freilich sahen Männer wie Wolfgang Heine auch ganz deutlich die Schwierigkeiten, vor die sich Ebert gestellt sah:

> „Ich muß nun allerdings wieder für Ebert anführen, daß er sehr vorsichtig lancieren zu müssen meint, um die Mehrheit für die Kreditbewilligung zu erhalten und nicht noch mehr zu schwächen. Es krümeln doch immer wieder von neuem Leute ab ... Ich muß Ebert recht geben, daß schon des äußeren Eindrucks wegen jede Stimme erhalten werden muß, bei der es möglich ist."

Diesen Grundzug seiner Politik machte Friedrich Ebert auch in der Fraktionssitzung vom 20. Dezember 1915, als darüber beraten wurde, ob man der Minderheit der Fraktion das Recht zur Darlegung ihres abweichenden Standpunktes zu der Kriegspolitik im Reichstagsplenum gestatten sollte, noch einmal deutlich; an Hugo Haase gewandt, der sich für die Sonderaktion der Minderheit ausgesprochen hatte, erklärte Ebert:

> „Wer an der Spitze der Partei steht, hat die Partei zusammenzuhalten. Das ist das Bebelsche Vermächtnis an uns. Seine (i. e. Bebels) letzte Bitte, die auch Haase kennt, ging dahin ... Wenn das geschlossene Auftreten der Partei das Grundgesetz der Partei ist, dann muß der Mann, der an der Spitze steht, zu diesem Grundgesetz halten."

Obwohl sich die Fraktionsminderheit diesem Appell Eberts nicht beugte, sondern in der Reichstagssitzung am 21. Dezember 1915 eine von Hugo Haase entworfene Sondererklärung abgab und gegen die Kriegskredite stimmte, suchte Ebert die Fraktionseinheit weiterhin aufrechtzuerhalten und verhinderte gegen den wütenden Protest der Parteirechten den Ausschluß der Minderheit aus der Fraktion. Wie umstritten diese Haltung Eberts war, bekam er im Januar 1916 bei seiner Wahl zum Fraktionsvorsitzenden als Nachfolger Hugo Haases, der wegen seiner Haltung konsequenterweise auf den Fraktionsvorsitz verzichtet hatte, zu spüren: Von den ursprünglich 111 Mitgliedern der sozialdemokratischen Fraktion des Reichstags nahmen an der Wahl ohnehin nur 86 teil, von ihnen gaben aber nur 56 Ebert ihre Stimme – die fehlenden Abgeordneten dürften überwiegend dem linken Flügel der Partei angehört haben. Zwar ist nicht einwandfrei geklärt, von wem die als Gegenstimmen zu wertenden weißen Stimmzettel bei der Wahl stammten, aber man dürfte in der Annahme nicht ganz fehlgehen, daß sie zu einem Teil auch von dem harten Kern des rechten Flügels der Partei abgegeben wurden, der Ebert damit die Quittung für seine Kompromißhaltung erteilen wollte. Symptomatisch zeigt sich in diesem Vorgang das Dilemma, vor das sich die Parteiführung während des Krieges gestellt sah, wenn sie die auseinandertriftenden Gruppierungen zusammenhalten wollte. Auf der einen Seite hatte sie gegen den linken Flügel zu kämpfen, der sich nicht mehr an die Tradition der Partei halten wollte, nach der im internen Meinungsbildungsprozeß unterlegene Auffassungen nicht an die Öffentlichkeit getragen werden durften bzw. bei Abstimmungen die unbedingte Fraktionsdisziplin zu wahren war. Auf der anderen Seite gab es auf dem rechten Flügel genügend Abgeordnete und Funktionäre, die über jeden „Disziplinbruch“ der Linken geradezu erfreut waren und darin die Chance sahen, sich derer zu entledigen, dabei aber außer acht ließen, daß die offene Parteispaltung notwendig zu einer Minderung des politischen Einflusses der Sozialdemokratie führen mußte. Ebert wollte die Fraktion nicht leichtfertig spalten, zumal ihm sehr wohl bewußt war, daß sich in der Minderheit im Grunde zwei absolut widersprüchliche Richtungen trafen, einmal die radikale Linke, die die revolutionäre Staatsumwälzung auf ihre Fahnen geschrieben hatte, zum anderen eine pazifistische Gruppe, deren Führer – wie Eduard Bernstein – vor dem Kriege eindeutig zur revisionistischen Mehrheit der Partei gezählt hatten. Freilich, die Einheit der Partei aufrechtzuerhalten, war nicht leistbar ohne Kompromißfähigkeit bei den dissidierenden Gruppierungen – und hieran mangelte es der Fraktionsminderheit ebenso wie den Vertretern des rechten Flügels.

Die Spaltung der Partei und Fraktion

Als im März 1916 die Fraktionsminderheit, diesmal geführt von Hugo Haase, offen im Reichstag gegen die Beschlüsse der Fraktion rebellierte, war es Ebert, der sich mit aller Entschiedenheit für den Ausschluß der Minderheit aus der Fraktion aussprach. In Übereinstimmung mit den Mehrheiten im Partei- und Fraktionsvorstand warf Ebert der Minderheit „Disziplinbruch“ und „eine ganz unerhörte Treulosigkeit“ vor, die

„so jedes Gefühl der Kameradschaftlichkeit vermissen läßt, daß sich ihm in der Geschichte der Partei nichts Gleiches an die Seite stellen läßt“.

Die Spaltung der Fraktion mußte wohl nicht notwendig auch zur Spaltung der Partei führen; aber sowohl die von Haase geführte Minderheit als auch die Parteimehrheit unter entschiedener Mitwirkung Eberts waren nun nicht mehr zu irgendwelchen Kompromissen bereit. Und vor allen Dingen die Mehrheit nutzte nun ihre stärkere Verankerung im Funktionärsapparat der Partei und nicht zuletzt auch der Gewerkschaften rücksichtslos aus, um ihre Position durchzusetzen. Dabei spielte es eine entscheidende Rolle, daß die von Vertretern der Linken besetzte Redaktion des „Vorwärts“, der ja sowohl Zentralorgan der Partei wie auch Organ der Berliner Lokalorganisation war, die Mehrheit mit allen Mitteln zu bekämpfen begann und die Parteimehrheit dadurch in die Lage geriet, für die Meinungsäußerungen des Blattes verantwortlich gemacht zu werden, ohne auf diese Einfluß nehmen zu können. Als ein Versuch des Parteivorstandes, durch Teilung des Blattes zu einer gütlichen Einigung zu kommen, an der Intransigenz der „Vorwärts“-Redaktion und der von der linken Opposition beherrschten Berliner Parteiorganisation scheiterte, entließ der Parteivorstand kurzerhand die alten Redakteure und benannte von sich aus neue Redakteure. Diese Maßnahme war das äußerliche Zeichen zur organisatorischen Spaltung der Partei, die allerdings schon zuvor mit verschiedenen Maßnahmen wie Beitragsverweigerung, Gründung von Sonderorganisationen innerhalb der Ortsvereine der Partei und Kampf um die Parteizeitungen meist von der Minderheit, in einer Reihe von Fällen aber auch von der Parteimehrheit (so u. a. in Berlin) eingeleitet worden war. Die organisatorische Spaltung, durch die die Minderheit die Freiheit zur eigenverantwortlichen Agitation und zur prinzipiellen Opposition gegen das Kaiserreich zurückgewann, gefährdete die Basis der Partei und zwang sie, je länger der Krieg andauerte, je größer die Opfer wurden, die der Krieg vom Heer und vor allem auch von der Zivilbevölkerung verlangte, desto mehr ebenfalls zurück in die Politik der revolutionären Phraseologie und versperrte dadurch den Weg, den Eduard David für die Sozialdemokratie als notwendig erkannt hatte:

„Wenn die Partei jetzt nicht den Weg von der Handarbeiterpartei zur Volkspartei findet, ist ihre große historische Mission verpaßt.“

Ob Ebert selber schon so weit zu gehen bereit war, ist höchst unwahrscheinlich. Für ihn war die Sozialdemokratie noch immer die Partei des Proletariats und sollte es auch sein. Nur sollte sie auch wirklich Partei des gesamten Proletariats bleiben. Als Ebert im Juli 1916 in seinem Wahlkreis

Elberfeld-Barmen seinen Rechenschaftsbericht erstattete, rückte er diesen Gesichtspunkt in den Mittelpunkt:

> „Soll jetzt die Arbeit von Jahrzehnten vernichtet werden? Die schlimmste Schädigung der Arbeiterbewegung würde es sein, wenn sie am Ende des Krieges uneinig dastände. Dagegen zu kämpfen, ist unsere Pflicht."

Gegenüber der weitgespannten Perspektive Davids war dies sicherlich eine bescheidenere Zielsetzung, aber wohl auch die näherliegende und realistischere. Ohne die einmütige Unterstützung durch das Proletariat war der Weg zur Volkspartei kaum gangbar, sondern enthielt die Gefahr, weder die Identität als Arbeiterpartei bewahren noch eine solche als Volkspartei gewinnen zu können. Zwar waren im Kriege sozioökonomische Wandlungsprozesse beschleunigt worden, hatten sich eingeschliffene Vorurteile gegenüber den „vaterlandslosen Gesellen" bei vielen Bürgern aufzulösen begonnen, wie umgekehrt auch viele „klassenbewußte" Arbeiter ihre Vorstellungen von den „Bürgerlichen" revidierten, aber noch gab es zuviel offensichtliche Benachteiligung der Arbeiterschaft als soziale Klasse und zuviel Privilegien für die anderen Schichten des Volkes, als daß der Brückenschlag zwischen organisierter Arbeiterschaft und Bürgertum – dies ja die notwendige Voraussetzung für die Formierung der Sozialdemokratie als Volkspartei – ein Ziel für die nächste Zukunft sein konnte. Auf jeden Fall sah dies Ebert so, der zu genau wußte, wie weit die Arbeiterschaft von wirklicher politisch-sozialer und ökonomischer Gleichberechtigung noch entfernt war. Erst wenn sie errungen war, konnten sich neue Perspektiven für die Sozialdemokratie als Partei auftun, war auch der Weg zur Volkspartei realistisch.

Für Ebert bedeuteten die Fraktionsspaltung und das Auseinanderreißen der organisatorischen Strukturen der Partei daher auch keine endgültige Teilung der Sozialdemokratie, vielmehr blieb die Einheit der Arbeiterbewegung für ihn weiterhin das Ziel, so sehr auch persönliche Aversionen gegen einzelne Mitglieder der Minderheit bei ihm bestanden und er selber wiederum Zielscheibe gehässiger Angriffe durch Mitglieder der Minderheit wurde. Erschwert wurde eine solche Politik allerdings durch die unheilige Allianz zwischen der bisherigen sozialdemokratischen Fraktionsminderheit und der politischen Rechten, die den Reichskanzler Bethmann-Hollweg stürzen wollte, gerade weil er in der Kriegszielfrage nicht ihren extremen Annexionsstandpunkt einnahm und weil er – wenn auch nur vorsichtig und bei weitem nicht den Wünschen der Mehrheitssozialdemokratie entsprechend – politische

Reformen im Sinne einer Demokratisierung zumindest nicht prinzipiell ablehnte. Südekum hatte zweifellos recht, wenn er die Lage wie folgt charakterisierte:

> „Heydebrand, Zedlitz, Fuhrmann und Bacmeister – die Tirpitzleute im preuß(ischen) A(bgeordneten)-H(aus) – gründen ihre Hoffnung auf den Kanzlersturz auf den wahrscheinlichen Sieg der *Minderheit bei uns*. Ströbel – Liebknecht arbeiten dem Heydebrand *so* in die Hand, daß man kaum noch glauben kann, es geschehe unbewußt oder ohne Kenntnis der möglichen Folgen. Dieselben Leute, die jahrelang über die preuß(ische) Vorherrschaft über das Reich – mit Recht – gewettert haben, unterstützen jetzt das Verlangen der Heydebrand u(nd) Konsorten, daß die Reichsminister sich in der preuß(ischen) Budget-Kom(mission) zu ‚rechtfertigen' haben!...
> Mir scheint, daß wir im Interesse eines baldigen verständigen Friedens u(nd) der notwendigen Reformen die reaktionäre Kabale scharf bekämpfen sollten, namentlich aber die unterirdischen Fäden aufzeigen müssen, die sich zwischen der Politik der Ultras von Rechts u(nd) Links immer, geradezu automatisch – anspinnen."

Friedrich Ebert hat diese Stellungnahme zur Spaltung der Partei durch die Minderheit und die Verurteilung dieser Handlung durch Südekum in seiner großen Rechtfertigungsrede auf der Reichskonferenz der Partei im September 1916 mit allem Nachdruck unterstützt. Er wies nach, daß alle Arbeiterparteien mit Ausnahme der italienischen Sozialisten in ihrer großen Mehrheit bei Kriegsbeginn mit ihren nationalen Regierungen gegangen waren, Kriegskredite bewilligt und sich auf das Recht der nationalen Selbstverteidigung berufen hatten. Insofern hatte die deutsche Sozialdemokratie nur das getan, was in allen anderen Parteien der Internationale als selbstverständlich gegolten hatte. Darüber hinaus, so betonte Ebert, habe sich die SPD aber im Gegensatz zur Mehrheit der französischen Sozialisten, die Elsaß-Lothringen annektieren wollten, ausdrücklich gegen jede Annexion gewandt und immer erneute Vorstöße in der Friedensfrage bei der Regierung unternommen. Die Minderheit der Fraktion und der Partei dagegen habe einen „Bruderkampf" entfesselt, der die Partei „von ihrem festen Weg zur Macht in die Ohnmacht" zurückschleudere.

Eberts Lagebeurteilung war zweifelsohne noch zu optimistisch. Völlig zu Recht wies er auf die Schwächung der innenpolitischen Position der Partei durch die Abspaltung hin, aber davon, daß die Partei auf dem „festen Weg zur Macht" gewesen war, konnte nach den Erfahrungen zweier Kriegsjahre keine Rede sein. Die Mitarbeit im Staat hatte sich bisher nicht in der Mitgliedschaft vorzeigbaren Erfolgen ausgezahlt. Die großen Gesten des August 1914 von seiten der kaiserlichen Regierung waren ohne konkrete, greifbare Taten im verfassungspolitischen Raum geblieben. Das preußische Wahlrecht, jene für die innenpolitische Machtverteilung im Kaiserreich so entscheidende konservative Bastion, war nicht geändert worden und – das war für die Sozialdemokratische Partei und ihre Agitation gerade hinsichtlich der Minderheit wichtiger – die Gegner innenpolitischer Reformen waren zugleich diejenigen Politiker, die durch exorbitante Kriegszielpläne im Bewußtsein der Parteimitgliedschaft als Kriegsverlängerer galten und dies objektiv auch waren. Die ungeheuren Opfer, die der Krieg von der kämpfenden Truppe und von der Zivilbevölkerung gleichermaßen forderte, fanden kein Äquivalent in der Anerkennung der grundsätzlichen Gleichberechtigung aller Bürger durch die Regierung. Wohl war es der SPD im Verein mit der Fortschrittlichen Volkspartei, den Nationalliberalen und dem Zentrum gelungen, 1916 bei verschiedenen Gesetzesvorlagen, so dem „Gesetz über den vaterländischen Hilfsdienst“, der gesetzlichen Neuregelung des „Belagerungszustandes“ und vereinsrechtlichen Fragen, ihre Vorstellungen durchzusetzen und konkrete Verbesserungen für die Arbeiterschaft durchzubringen, aber die große verfassungsrechtliche Umwälzung war nicht erfolgt.

„Politische Gleichberechtigung“ oder Rückkehr zur Opposition: Ebert und die Formierung einer neuen Reichstagsmehrheit

Diese faktische Untätigkeit der Regierung führte letzten Endes zur Formierung einer neuen parlamentarischen Mehrheit im Reichstag aus SPD, Zentrum, Fortschrittspartei und linkem Flügel der Nationalliberalen. Abgezeichnet hatte sich diese Mehrheit schon vor dem Kriege bei den letzten großen innenpolitischen Auseinandersetzungen um die Finanz- und Verfassungspolitik, fortgesetzt hatte sie sich – nach einem zweijährigen Zwischenspiel von 1914 bis 1916, als eindeutig eine „Kriegszielmehrheit“ aus Konservativen, Zentrum und Nationalliberalen den Reichstag beherrschte – dann seit 1916 infolge der Kriegslage vor allem bei der Beratung von innenpolitischen Fragen in dem permanent tagenden Hauptausschuß des Reichstags, einer Art Ersatzparlament für die Zeit zwischen den Sessionen des Reichstags. Ihre erste große Bewährungsprobe bestand die Mehrheit mit der Friedensresolution vom Juli 1917, die den Forderungen der Sozialdemokratischen Partei weit entgegenkam. In der preußischen Wahlrechtsfrage war hingegen trotz der Osterbotschaft immer noch nichts geschehen, was in der sozialdemokratischen Mehrheitsfraktion zum ersten Mal zu ernsten Überlegungen führte, die Kriegskredite abzulehnen. Ebert selbst war es, der im Hauptausschuß des Reichstags mit unmißverständlicher Härte den Standpunkt der Sozialdemokratie formulierte:

> „Schöne Reden, Erklärungen und kaiserliche Botschaften über dic Neuorientierung im Innern genügten nicht. Jetzt, nachdem der Krieg bereits 3 Jahre dauere und weitergeführt werde, wolle sich das Volk nicht mehr mit Worten begnügen. Es frage sich: Wozu die großen Opfer, wenn die Regierung nicht gewillt ist, uns das Notwendigste, Unentbehrlichste, Selbstverständlichste: die politische Gleichberechtigung, zu gewähren, die Fesseln der politischen Ungleichheit, das Dreiklassenwahlsystem, zu beseitigen. Hier komme es lediglich auf den Willen der Regierung und der bürgerlichen Parteien an.
> Der Hinweis auf den Burgfrieden sei heute zum Gespött aller geworden. Gerade die politisch Bevorzugten, die Nutznießer der heutigen politischen Einrichtungen, hätten auf den Burgfrieden während des Krieges am allerwenigsten Rücksicht genommen, wie die alldeutsche Hetze beweise."

Aus Eberts eigenen Worten ließe sich nun leicht schließen, daß auch er den Gewinn einer Politik der Zusammenarbeit mit Regierung und bürgerlichen Parteien äußerst gering einschätzte. Daran ist soviel richtig, daß Ebert zunehmend ungeduldig gegenüber der hinhaltenden Taktik der Regierung wurde, die es mit der politischen Rechten nicht verderben und die Unterstützung der Sozialdemokratie offensichtlich zum Nulltarif haben wollte. Härte gegenüber der Regierung erschien Ebert nun angebracht, aber zugleich wurde Zentrum, Fortschrittlicher Volkspartei und Nationalliberalen angedeutet, daß in bestimmten Sachfragen wie der Friedensfrage oder bei verfassungspolitischen Reformen auf eine konstruktive Mitarbeit der Mehrheitssozialdemokratie gerechnet werden konnte.

So ergriffen die Parteien unter Führung der Sozialdemokratie selbst die Initiative, bildeten den Interfraktionellen Ausschuß – ihm gehörten die Nationalliberalen nur zeitweilig an – und versuchten mit Hilfe dieses interparteilichen Koordinationsinstruments ihre innenpolitischen Zielsetzungen voranzutreiben. Tatsächlich führte die Initiative der Reichstagsparteien aber zu dem Paradoxon, daß Bethmann-Hollweg, der nun auch im Reichstag keine Mehrheit mehr besaß, gestürzt, und Michaelis, eine Marionette der Obersten Heeresleitung, zum Reichskanzler ernannt wurde. Dies bedeutete zweifellos eine Stärkung der Stellung der

Besuch Eberts im Juni 1917 in Stockholm zu Vorverhandlungen über eine internationale Sozialistische Konferenz. Von links nach rechts: Richard Fischer (SPD, MdR), Eduard David (SPD, MdR), Theodor Stauning (Vorsitzender der dänischen soz. Partei, später Ministerpräsident), Ebert.

OHL im Bereich der Innenpolitik und eine weitere Verschärfung des Konflikts zwischen Reichstagsmehrheit und Regierung.

Streikbewegung und Friedenssehnsucht: Konfrontation mit der Regierung und Kampf für Frieden und innere Reformen

In das Jahr 1917 fallen die ersten größeren, teilweise auch politisch motivierten Streiks während des Krieges. Die Haltung, die Ebert zu diesen Aktionen einnahm, war eindeutig. Er sah in ihnen nur eine Demonstrationspolitik, die weder dem vorgegebenen Ziel, der Gewinnung eines baldigen Friedens, dienlich war noch an dem aktuellen Anlaß, der erneuten Kürzung der Brotrationen, etwas zu ändern vermochte. Die Gefahren, die aus dieser von „gewissenlosen Demagogen“ geschürten Bewegung freilich für die Mehrheitssozialdemokratie entstehen konnten, waren erheblich. Denn jede Aktion, mit der sich die nun als USPD konstituierte Fraktionsminderheit der konkreten Interessen der Arbeitnehmerschaft wenigstens agitatorisch annahm, bedeutete eine Schmälerung der Basis der Mehrheit und ihres Vertrauenskapitals bei der Arbeiterschaft, die nur aufgefangen werden konnte, wenn auch die Mehrheitssozialdemokratie ihrerseits in der Öffentlichkeit härtere agitatorische Töne anschlug. Es gereicht Ebert sicher zur besonderen Ehre, daß er, der als Führer der Mehrheit manchen Grund hatte, der USPD und ihren Führern ablehnend gegenüberzustehen, in der von der Regierung Michaelis gegen die USPD entfesselten Aktion – Staatssekretär Capelle vom Reichsmarineamt behauptete, die USPD sei verantwortlich für die Marinemeutereien im Sommer 1917 – entschieden für die ehemaligen Fraktionskollegen Partei ergriff:

> „Eine solche Erklärung konnte nur von einer Regierung erfolgen, die sich – nehmen Sie es mir nicht übel, aber ich will es offen aussprechen – ihrer großen Verantwortung nicht bewußt (lebhafte Zustimmung links) und ihrer hohen und großen Aufgabe, die auf ihr lastet, in keiner Weise gewachsen ist (erneute lebhafte Zustimmung bei den Sozialdemokraten), und ich spreche es weiter offen aus: Jeder Tag, der das deutsche Volk früher von dieser Regierung befreit, wird von uns begrüßt werden. (Lebhafte Zustimmung und Bravo links.) Sollte aber die Reichsleitung wirklich eine solche Politik einschlagen, wie sie der Herr Reichskanzler angekündigt hat, so werden wir es als unsere höchste Aufgabe betrachten, sie mit dem Einsatz unserer ganzen Kraft und unseres ganzen Pflichtbewußtseins auf das rücksichtsloseste zu bekämpfen.“

Drei Wochen nach diesem von Michaelis selbst provozierten Frontalangriff Eberts war die Regierung gestürzt und in mit äußerstem taktischen Geschick auf sozialdemokratischer Seite von Ebert geführten Verhandlungen die Neubildung einer Regierung unter Graf Hertling erzwungen, der zum ersten Male in der Reichsgeschichte sowohl im Reich wie in Preußen erklärte Vertrauensleute politischer Parteien als Vizekanzler und Vizepräsident des Staatsministeriums angehörten. Daß auch diese Regierung nicht die notwendigen inneren Reformen durchführte, sich in der Friedensfrage mit der Verantwortung für den Gewaltfrieden von Brest-Litowsk belastete und die Wünsche und Forderungen der Sozialdemokratie beiseite schob, solange sie hoffen konnte, den Frieden durch einen militärischen Sieg Deutschlands zu erzwingen, trieb die Sozialdemokratische Partei unter Eberts Führung erneut in scharfe Oppositionsstellung. Doch bedeutete diese Opposition – und hierin liegt der entscheidende Unterschied zur Politik der Vorkriegszeit und zur Politik der USPD – nicht eine grundsätzliche Ablehnung der Mitarbeit und Mitverantwortung, sondern im Gegenteil, die Opposition beruhte auf dem erklärten Ziel, gegen die Regierung im Verein mit der Fortschrittlichen Volkspartei und dem Zentrum vorzugehen, gerade weil sich die SPD als in der Verantwortung stehend betrachtete und nicht zulassen wollte, daß eine unfähige, von der militärischen Leitung beherrschte Regierung den Krieg und die Leiden des deutschen Volkes unnötig verlängerte.

Welches Wagnis diese Politik für die SPD in sich schloß, hatte im Januar 1918 noch einmal der Streik von rd. 400000 Munitionsarbeitern in Groß-Berlin gezeigt. Denn solche Aktionen gefährdeten die Politik der SPD in doppelter Hinsicht; einmal ließen sie den Eindruck entstehen, daß die Mehrheit der alten Partei nicht mehr die Mehrheit der sozialdemokratischen Arbeiterschaft hinter sich hatte, daß sich also die SPD der von der USPD und der zahlenmäßig sehr kleinen Spartakusgruppe angewandten Methoden bedienen mußte, um sich ihre Massenbasis zu erhalten, zum anderen konnten sie bei den Rechtsparteien, aber auch bei den mit der SPD im Interfraktionellen Ausschuß verbundenen Parteien die Meinung aufkommen lassen, daß eine so geschwächte Sozialdemokratie kein lohnender Verhandlungspartner oder kein zu respektierender Gegner mehr war. Es war deshalb in gewissem Sinne auch ein Gebot politischer Notwendigkeit für Ebert und die SPD, der Aufforderung zum Eintritt in die Streikleitung Folge zu leisten. Obgleich Ebert persönlich den Streik ablehnte, nahm er es auf sich, ihn durch seinen Eintritt in ruhige Bahnen zu lenken und zu einem möglichst raschen Ende zu führen. Sowohl links- wie rechtsextremistische Politiker haben ihm in der Weimarer Republik und nach dem Zweiten Weltkrieg aus seinem Eintritt in die Streikleitung Vorwürfe gemacht, die einen, weil er sich hierbei angeblich als „Arbeiterverräter“ betätigt hatte, die anderen, weil er angeblich Landesverrat begangen haben soll. Keine der beiden Behauptungen läßt sich aufrechterhalten. Ebert war in die Streikleitung eingetreten, weil er viele der Forderungen der Streikenden durchaus für legitim hielt und es weder im Interesse seiner Partei noch der Streikenden selbst lag, wenn die Streikleitung von radikalen Kräften beherrscht wurde; Ebert hatte zugleich auf schnelle Beendigung des Streiks gedrängt, weil die übergeordneten politischen Ziele des Streiks, die Herbeiführung des Friedens, sich bei der damaligen Machtkonstellation im Reich durch keinen Streik erreichen ließen, ja weil er der Überzeugung war, daß ein Streik in Deutschland eher anstachelnd auf die Gegner wirken und die deutsche Position bei einem Friedensschluß schwächen mußte. Wie schon bei seiner Stellungnahme zur Marinemeuterei vom Sommer 1917 und den Vorwürfen der Reichsregierung gegen die USPD bewies Ebert auch nach dem Januarstreik, als der USPD-Abgeordnete Wilhelm Dittmann verhaftet und wegen Landesverrat zu fünf Jahren Haft verurteilt wurde, sein von keinen Opportunitätsüberlegungen, persönlichen Abneigungen und politischen Gegnerschaften zu tangierendes Rechtsgefühl, als er sich im Reichstag mit allem Nachdruck gegen die von der Regierung praktizierte politische Judikatur wandte. Diese Gesinnung wird um so höher zu bewerten sein, wenn man die Schwierigkeiten bedenkt, die die Politik der USPD Ebert und seiner Partei bereitete und sie vor allem im letzten Kriegsjahr innerlich unsicher machte und immer wieder von ihrem Weg des Ausgleichs und der Kooperationsbereitschaft mit den bürgerlichen Mittelparteien zur Herbeiführung der notwendigen innenpolitischen Reformen und zur Vorbereitung eines annexionslosen Friedensschlusses abzudrängen drohte.

Zitierte und weiterführende Literatur

Ludwig Bergsträsser, Die preußische Wahlrechtsreform im Kriege und die Entstehung der Osterbotschaft 1917, Tübingen 1929.

Udo Bermbach, Vorformen parlamentarischer Kabinettsbildung in Deutschland, Köln–Opladen 1967.

Dieter K. Buse (Hrsg.), Parteiagitation und Wahlkreisvertretung. Eine Dokumentation über Friedrich Ebert und seinen Reichstagswahlkreis Elberfeld-Barmen 1910–1918, AfS, B.H. 3, Bonn-Bad Godesberg 1975.

Eduard David, Das Kriegstagebuch des Reichstagsabgeordneten Eduard David 1914–1918, hrsg. v. Erich Matthias und Susanne Miller, Düsseldorf 1966.

Deutschland im Ersten Weltkrieg, 3 Bde., Berlin(Ost) 1968/1969.

Friedrich Ebert, Schriften, Aufzeichnungen, Reden. Mit unveröffentlichten Aufzeichnungen aus dem Nachlaß, 2 Bde., Dresden 1926.

Friedrich Ebert, Kämpfe und Ziele. Mit einem Anhang: Erinnerungen von seinen Freunden, Dresden 1926.
Gerald D. Feldman, Armee, Industrie und Arbeiterschaft in Deutschland 1914–1918, Berlin–Bonn 1985.
Fritz Fischer, Griff nach der Weltmacht. Die Kriegszielpolitik des kaiserlichen Deutschland, Kronberg/Ts. 1977 (Nachdruck der Sonderausgabe 1967).
Ders., Krieg der Illusionen. Die deutsche Politik von 1911 bis 1914, Kronberg/Ts. 1978.
Ludwig Frank, Ein Vorbild der deutschen Arbeiterjugend. Aufsätze, Reden und Briefe. Ausgew. u. eingel. v. Hedwig Wachenheim, Berlin o. J.
Dieter Groh, Negative Integration und revolutionärer Attentismus. Die deutsche Sozialdemokratie am Vorabend des Ersten Weltkrieges, Frankfurt a.M.–Berlin–Wien 1973.
Ernst Haase (Hrsg.), Hugo Haase. Sein Leben und Wirken, Berlin o. J. (1929).
Georges Haupt. Der Kongreß fand nicht statt. Die soz. Internat. 1914, Wien 1967.
Der Hauptausschuß des Deutschen Reichstages 1915–1918, eingeleitet von Reinhard Schiffers, bearbeitet von Reinhard Schiffers und Manfred Koch in Verbindung mit Hans Boldt, 4 Bde., Düsseldorf 1981–1983.
Jürgen Kocka, Klassengesellschaft im Krieg. Deutsche Sozialgeschichte 1914–1918, 2. durchgeseh. u. erw. Aufl. Göttingen 1978.
Jürgen Kuczynski, Der Ausbruch des Ersten Weltkriegs und die deutsche Sozialdemokratie, Berlin (Ost) 1957.
Susanne Miller, Burgfrieden und Klassenkampf. Die deutsche Sozialdemokratie im Ersten Weltkrieg, Düsseldorf 1974.
Eugen Prager, Das Gebot der Stunde. Geschichte der USPD. Mit einem Vorwort von Ossip K. Flechtheim, 4. Aufl. Berlin–Bonn 1980.
Protokolle der Sitzungen des Parteiausschusses der SPD 1912 bis 1921. Inkl. Protokolle der Parteikonferenz in Weimar am 22. und 23. März 1919, Protokoll über die Verhandlungen der Reichskonferenz der Sozialdemokratischen Partei Deutschlands. Abgehalten in Berlin am 5. und 6. Mai 1920. Nachdrucke, hrsg. v. Dieter Dowe, mit einer Einleitung v. Friedhelm Boll, 2 Bde., Berlin–Bonn 1980.
Die Reichstagsfraktion der deutschen Sozialdemokratie 1898 bis 1918, hrsg. v. Erich Matthias u. Eberhard Pikart, 2 Bde., Düsseldorf 1966.
Gerhard A. Ritter, Staat, Arbeiterschaft und Arbeiterbewegung in Deutschland, Berlin–Bonn 1980.
Arthur Rosenberg, Die Entstehung der deutschen Republik, Frankfurt a. M. 1955.
Philipp Scheidemann, Memoiren eines Sozialdemokraten, 2 Bde., Dresden 1928.
Hagen Schulze, Otto Braun oder Preußens demokratische Sendung, Frankfurt a. M.–Berlin–Wien 1977.
Stenographische Berichte über die Verhandlungen des Reichstags, Bde. 306–311, Berlin 1914–1918.
Kuno Graf Westarp, Konservative Politik im letzten Jahrzehnt des Kaiserreichs, Bd. 2, Berlin 1935.
Robert F. Wheeler, USPD und Internationale. Sozialistischer Internationalismus in der Zeit der Revolution, Frankfurt a. M.–Berlin–Wien 1975.

5. Zwischen Opposition und Regierungsverantwortung (September/Oktober 1918)

„Revolution von oben"?

Fast unumstritten galt lange Zeit auch in der gelehrten Forschung die Behauptung, daß die Parlamentarisierung des Reiches nicht von den Parteien des Reichstags, sondern von der Obersten Heeresleitung in Form der „Revolution von oben" durchgesetzt worden sei, daß diese lange von der Sozialdemokratie angestrebte, von den übrigen Parteien des Reichstags ebenso lange perhorreszierte Verfassungsänderung den Parteien wie eine reife und z. T. auch unerwünschte Frucht der sich für die Oberste Heeresleitung abzeichnenden totalen militärischen Niederlage Deutschlands in den Schoß gefallen sei. Wohl kann kein Zweifel daran bestehen, daß die militärische Führung des Reichs in dem Moment, in dem sie keine Möglichkeit mehr sah, mit militärischer Gewalt einen Frieden durchzusetzen, wie sie ihn sich vorgestellt und in Brest-Litowsk praktiziert hatte, nur zu gern bereit war, die politische und moralische Verantwortung für die Niederlage Deutschlands auf die zivile Reichsleitung und die sie stützenden Parteien abzuschieben, aber das bedeutet nicht, daß die Parteien die Verantwortung für die Formulierung der deutschen Politik nicht zu übernehmen bereit gewesen waren. Spätestens die Veröffentlichung der Akten der Regierung des Prinzen Max von Baden hat gezeigt, daß die Parteien zu der innenpolitischen Neuorientierung in viel stärkerem Maße, als es die ältere Literatur vermuten ließ, initiativ beigetragen haben.

Bei allen Bemühungen der Mehrheitsparteien um eine Neuordnung der Innenpolitik im Sinne einer Parlamentarisierung der Reichsregierung und der Herbeiführung eines möglichst baldigen Friedensschlusses fiel der Sozialdemokratie eine Schlüsselrolle zu, und zwar nicht nur wegen ihrer parlamentarischen Stärke, sondern vor allen Dingen deswegen, weil ihre Partnerparteien im Interfraktionellen Ausschuß von einer Regierungsbeteiligung der Sozialdemokratie eine Lösung der verfahrenen politischen Situation und insbesondere eine schnelle Beendigung des Krieges erhofften. Die Sozialdemokraten drängten sich allerdings nicht nach einer eigenen Regierungsbeteiligung, aber schon bei den klärenden Vorgesprächen und Erörterungen und vollends auf der Sitzung des Interfraktionellen Ausschusses am 12. September 1918 machte die Sozialdemokratische Partei deutlich, daß sie nicht mehr gewillt war, der Regierung Hertling auch nur indirekt Unterstützung zu geben. Denn diese Regierung besaß, wie Ebert erklärte, in Deutschland wegen ihrer bedingungslosen Unterordnung unter den „Absolutismus der Militärs" keinen Kredit mehr und war nicht in der Lage, den Schritt zu vollziehen, den er wegen der katastrophalen militärischen und außenpolitischen Lage Deutschlands für notwendig hielt, nämlich den baldigen Friedensschluß. Damit war jedoch die Frage nach der Neubildung der Regierung gestellt. Matthias Erzberger zog aus Eberts Vorstoß die Konsequenzen, als er an die SPD die Frage richtete, ob die Partei nun bereit sei, in die Regierung einzutreten und welche Bedingungen sie dafür stelle. Eduard David formulierte daraufhin in Übereinstimmung mit Albert Südekum und Philipp Scheidemann die Minimalforderungen der SPD für einen Regierungseintritt: Es dürfe von der SPD nicht der Eintritt in ein Allparteienkabinett verlangt werden, sondern Basis der Mehrheitsbildung könnten nur die Parteien sein, die seit 1917 im Interfraktionellen Ausschuß zusammengearbeitet hätten. Wichtiger sei allerdings das Sachprogramm, durch das die baldige Herbeiführung des Friedens und die Durchsetzung des innenpolitischen Programms gewährleistet sein müsse und Sicherheiten dafür gegeben wären, daß eine eindeutige Vorrangstellung der Reichsregierung gegenüber den militärischen Organen gegeben sei. In die bestehende Regierung Hertling einzutreten, wie von rechtsstehenden Zentrumsabgeordneten verlangt wurde, lehnte Ebert namens der SPD unter Hinweis auf die persönliche und politische Unfähigkeit Hertlings ab und verlangte dagegen eine Parlamentarisierung der Reichsregierung.

Der Kampf um die Regierungsbeteiligung

In dieser kritischen innenpolitischen Situation – über die äußere Lage des Reichs herrschten auch innerhalb der SPD noch immer Illusionen – wollte der Vorstand nicht die alleinige Verantwortung für die unausweichlich auf die Sozialdemokratie zukommende Entscheidung übernehmen, sondern berief am 23. September Reichstagsfraktion und Parteiausschuß zu einer gemeinsamen Sitzung ein. Als Marschrichtung für die Partei hatte der Vorstand unter Eberts Führung am 22. und 23. September folgende Bedingungen für den Regierungseintritt formuliert:

1. Uneingeschränktes Bekenntnis zur Friedensresolution des Reichstags vom Juli 1917;
2. Wiederherstellung Belgiens, Serbiens und Montenegros;
3. Friedensschlüsse von Brest-Litowsk und Bukarest dürfen „kein Hindernis für den allgemeinen Friedensschluß" bilden; in den besetzten

Gebieten wird die Militärverwaltung zugunsten einer Zivilverwaltung aufgehoben;
4. Autonomie Elsaß-Lothringens; allgemeines gleiches, geheimes und unmittelbares Wahlrecht in allen deutschen Bundesstaaten; scheitert das gleiche Wahlrecht am preußischen Herrenhaus, muß der preußische Landtag sofort aufgelöst werden;
5. Einheitlichkeit der Reichsregierung und Ausschaltung unverantwortlicher Nebenregierungen; Bildung der Regierung aus Vertretern der Mehrheitsparteien des Reichstags; Aufhebung des Artikels 9 der Verfassung;
6. Aufhebung der Einschränkungen der Presse- und Versammlungsfreiheit und „Beseitigung aller militärischen Institutionen, die der politischen Beeinflussung dienen".

In einem ausführlichen Bericht analysierte zunächst Scheidemann die innen- und außenpolitische Lage. Er ließ keinen Zweifel daran, daß die militärische Lage des Reiches nur noch als katastrophal zu bezeichnen war und daß die einzige Chance für die Erreichung des Friedens die vorbehaltlose Anerkennung der Friedensresolution der Mehrheitsparteien durch die Regierung sein konnte. Sodann erläuterte er die Stellung, die die Vertreter der Partei bei den Verhandlungen über die Regierungsneubildung mit der Regierung und mit den Parteien des Reichstags eingenommen hatten. Er fand die Zustimmung der Versammlung für die Ablehnung des Eintritts von Sozialdemokraten in die bestehende Regierung Hertling wie auch für die zweite Möglichkeit, eine Allparteienregierung zu bilden. Als realistische Alternativen sah er dagegen den Eintritt in eine von den Mehrheitsparteien der Friedensresolution getragene Regierung an oder doch deren Tolerierung durch die Sozialdemokratie, wenn man schon keine eigenen Vertreter in die Regierung entsenden wollte. Die Gefahren, die dabei für die Partei entstehen konnten, verschwieg Scheidemann allerdings nicht, sondern wies ausdrücklich darauf hin, daß die schwierige Ernährungslage, die ganz ungeklärte Frage, wie weit bei den gegnerischen Mächten die Bereitschaft zum Friedensschluß vorhanden war, und die noch immer nicht gelöste Wahlrechtsfrage selbstverständlich auch eine Regierung mit sozialdemokratischer Beteiligung scheitern lassen könnten. Dennoch habe der Parteivorstand beschlossen, nicht zu einer prinzipiellen Ablehnung der Regierungsbeteiligung zu raten, sondern die schon angeführten Bedingungen für diesen Schritt formuliert.
In der anschließenden Debatte, die – wenn das abschließende Abstimmungsresultat betrachtet wird – die Stimmung innerhalb von Fraktion und Parteiausschuß allerdings nicht zutreffend widerspiegelte, hielten sich die den Regierungseintritt befürwortenden und ablehnenden Stim-

men in etwa die Waage. Die beiden Anträge, die aus der Versammlung heraus formuliert wurden, plädierten dagegen für die Ablehnung des Eintritts. Zweimal, unmittelbar nach Eingang des für Ablehnung plädierenden Antrags Hoch und vor der Endabstimmung, ergriff Ebert in der Debatte das Wort. In bemerkenswertem Gegensatz zu der Härte, mit der er die Regierung Hertling in den interfraktionellen Besprechungen angegriffen hatte, erläuterte Ebert jetzt fast verständnisvoll die komplizierte Lage Hertlings und verwies auf die Schwierigkeiten, die dem Erzbergerflügel im Zentrum und dem linken Flügel der Fortschrittlichen Volkspartei innerhalb ihrer eigenen Parteien entstehen konnten, wenn die Sozialdemokratie zur Formulierung von Maximalforderungen schritt, wie sie von einigen Rednern verlangt worden war. Als allein mögliches und verantwortbares Ziel der sozialdemokratischen Politik erschien Ebert in Anbetracht der kritischen politischen Gesamtlage die Aufstellung gewisser unabänderlicher Minimalbedingungen, unter denen eine Koalition mit dem Zentrum und der Fortschrittlichen Volkspartei in Frage kommen sollte. Zweimal appellierte Ebert an die noch schwankenden Parteigremien:

> „Wollen wir jetzt keine Verständigung mit den bürgerlichen Parteien und der Regierung, dann müssen wir die Dinge laufen lassen, dann greifen wir zur revolutionären Taktik, stellen uns auf die eigenen Füße und überlassen das Schicksal der Partei der Revolution. Wer die Dinge in Rußland erlebt hat, der kann im Interesse des Proletariats nicht wünschen, daß eine solche Entwicklung bei uns eintritt. Wir müssen uns im Gegenteil in die Bresche werfen, wir müssen sehen, ob wir genug Einfluß bekommen, unsere Forderungen durchzusetzen und, wenn es möglich ist, sie mit der Rettung des Landes zu verbinden, dann ist es unsere verdammte Pflicht und Schuldigkeit, das zu tun."

Und bevor die Abstimmung erfolgte, rief er den versammelten Parteigenossen noch einmal die Verpflichtungen, die sie stellvertretend für die Gesamtpartei und für das deutsche Volk trugen, ins Gedächtnis:

> „Wenn wir uns auf den Standpunkt stellen wollen, daß das agitatorische Interesse der Partei für uns leitend und maßgebend sein muß, dann bitte ich Sie, lehnen Sie die ganze Geschichte ab. Wer aber will, daß wir versuchen, einmal die Situation auszunutzen zugunsten unserer demokratischen verfassungsrechtlichen Forderungen, und wer andererseits glaubt, daß der Zusammenbruch unseres Landes, d.h. auch der Zusammenbruch unserer Volkswirtschaft und unseres Wirtschaftslebens, der Partei nicht gleichgültig sein kann, der muß

> ernstlich prüfen, ob wir schließlich dies Wagnis auf uns nehmen können. Die Entscheidung ist von der allergrößten Tragweite. Das bitte ich Sie zu beachten. Wenn gesagt ist, daß einige nicht warten können, bis sie in die Regierung eintreten, so kann ich nur sagen, solche Redensarten sind wir gewohnt. Aber ich glaube, Sie werden niemand von uns für einen solchen Esel halten, daß er nicht sagt: Ich danke meinem Schöpfer, wenn dieser Kelch an mir vorübergeht. Aber das sind persönliche Auffassungen, die nicht in Betracht kommen, wenn das Interesse der Partei, des Landes und der Arbeiterklasse auf dem Spiele steht."

Für Ebert gab es in dieser Entscheidungssituation kein Schwanken, kein Zögern. Er war bereit, trotz der katastrophalen äußeren Umstände, unter denen die Parlamentarisierung des Reichs erfolgte, der Verantwortung nicht auszuweichen. Illusionen über die Schwierigkeit der Lage machte er sich kaum; er hätte sich wohl auch nicht anders entschieden, hätte er schon damals gewußt, daß nicht mehr nur eine militärische Niederlage bevorstand, aus der man aber noch einen Verständigungsfrieden retten konnte, sondern daß es nur noch galt, den totalen militärischen Zusammenbruch möglichst lange zu kaschieren, um so schnell als möglich zum Frieden um jeden Preis zu gelangen.

Verfassungsreform und Friedensfrage

Wenn sich trotz dieses Votums der sozialdemokratischen Parteigremien die Neubildung der Regierung noch mehrere Tage hinauszögerte, so waren dafür im wesentlichen der Widerstand im Zentrum gegen die Abberufung Hertlings und die Schwierigkeiten bei der Auswahl des neuen Reichskanzlers verantwortlich. Daß man sich schließlich nach Ablehnung des Amtes durch Friedrich von Payer, den Vizekanzler der Regierung Hertling, und durch Constantin Fehrenbach, einen der Führer der Reichstagsfraktion des Zentrums und Präsidenten des Reichstages, auf Prinz Max von Baden einigte, mag, psychologisch gesehen, ein Fehler gewesen sein. Denn der große innenpolitische Umbruch, der tatsächlich vollzogen worden war, wurde durch die Berufung eines königlichen Prinzen in das Reichskanzleramt weder innen- noch außenpolitisch genügend deutlich. Man wird sich fragen müssen, ob durch die von einigen Mitgliedern der sozialdemokratischen Reichstagsfraktion geforderte Berufung Eberts in das Amt des Reichskanzlers nicht die verfassungspolitische Wende in Deutschland den Anhängern der Sozialdemokratie wie dem Bürgertum, aber auch dem Ausland viel deutlicher vor Augen geführt worden wäre. Vielleicht wären die Chancen der parlamentarischen Demokratie in Deutschland auch dadurch vergrößert worden, daß der Kaiser selber durch die Ernennung Eberts zum Reichskanzler den verfassungspolitischen Wandel, der sich tatsächlich vollzogen hatte, ausdrücklich und unwiderruflich legitimierte. Ganz sicher wäre hierdurch aber manchen irrationalen Widerständen gegen die Demokratisierung und Parlamentarisierung der Boden entzogen worden.

Eine Kanzlerschaft Eberts, an dessen Bereitschaft zur Übernahme des Amtes kein Zweifel bestehen kann, war in der damaligen Situation aber noch nicht möglich. Die Oberste Heeresleitung, die sich darüber im klaren war, daß aufgrund der militärischen Situation die Kapitulation der deutschen Armee nur noch eine Frage der Zeit war, hatte alles getan, um den Parteien des Reichstags die Verantwortung für diesen Schritt aufzubürden; die hohe Bürokratie nahm die Parlamentarisierung der Reichsregierung hin und suchte zugleich, ihren politischen Einfluß ungebrochen zu erhalten; die bürgerlichen Parteien des Interfraktionellen Ausschusses waren fest davon überzeugt, daß auch die Sozialdemokratie einer parlamentarischen Regierung beitreten mußte, damit diese nicht im luftleeren Raum schwebte. Gemeinsam war aber allen diesen Kräften, die zwar aus verschiedenen, aber gleich eigensüchtigen Gründen entweder die Koalition mit der Sozialdemokratie forderten oder als unvermeidliches Übel tolerierten, daß sie die Sozialdemokratie für alle Entscheidungen *mitverantwortlich machen*, ihr aber *die entscheidende Verantwortung* für die Neugestaltung des Staates nicht zugestehen wollten. Die sozialdemokratisch geführte Arbeiterschaft sollte die Niederlage innenpolitisch abdekken, dafür aber keineswegs die politische Führung erhalten.

Das neue Kabinett vollzog zwar die Verfassungsreform im Reich, aber die parallele Entwicklung in Preußen wurde weiter verschleppt. Auch zeigte sich, daß in der damaligen Situation Verfassungsreformen allein nicht mehr genügten, solange die Friedensfrage, die viel elementarere Nöte der Menschen betraf, nicht vorankam. Für die Sozialdemokratische Partei und ihre Anhängerschaft war daher die Herbeiführung eines Waffenstillstands, der dem sinn- und aussichtslos gewordenen militärischen Ringen ein Ende bereitete und Möglichkeiten zur Überwindung der katastrophalen Versorgungslage eröffnete, zweifelsohne von größerer Bedeutung. Nach dem Versagen der bürgerlichen Parteien, der allmächtigen Bürokratie, der militärischen Führung und auch des Kaisers persönlich, und zwar vor und während des Krieges, erwies sich hier noch einmal die Unfähigkeit der sozialen und politischen Kräfte, die bisher den Gang der Reichspolitik bestimmt hatten. Anstatt auf das Verlangen der amerikanischen Regierung einzugehen und dem Kaiser und dem Kronprinzen die Abdankung anzuempfehlen oder notfalls abzufordern, verlegten sie sich darauf, um diese Frage herumzufinassieren. Diese Verschleppungstaktik hatte freilich nur den Erfolg, die Aufrechterhaltung der Monarchie im parlamentarischen Gewand unmöglich zu machen. Im Ringen um die Zustimmung der politisch und gewerkschaftlich organisierten Arbeiterschaft ist durch diese obstinate Haltung der alten Eliten die Position Eberts und der Mehrheitssozialdemokratie ganz zweifelsohne weiter erschwert worden, zumal es nicht gelungen war, die USPD in irgendeiner Form an die neue parlamentarische Reichsregierung zu binden, sondern diese sich die Freiheit des Handelns durch ausdrückliche Ablehnung jeder Regierungsbeteiligung erhalten hatte und zugleich gegen die Mehrheitspartei als „Regierungssozialisten" agitatorisch zu Felde zog.

Parlamentarische Monarchie oder Republik?

Im Gegensatz zu einem großen Teil des Vorstandes und der Fraktion war Ebert während des Krieges zum „Vernunftsmonarchisten" geworden. Die Motive hierfür sind leicht greifbar. Ebert war sich dessen bewußt, daß nichts für das politische Bewußtsein des Bürgers gefährlicher ist als eine plötzliche, demonstrative Aufhebung der historischen Kontinuität, die an der Realität ihres Fortbestehens nichts zu ändern vermag, die neue politische Ordnung jedoch mit vermeidbaren politischen Gegnerschaften belastet. Auch hatte Ebert aus seinem Bewußtsein nicht die Tatsache verdrängt, daß die Sozialdemokratische Partei, die als einzige politische Gruppierung des Kaiserreichs die Republik auf ihre Fahnen geschrieben hatte, bei den letzten Wahlen vor dem Krieg zwar die bei weitem stärkste Partei, aber nicht die Mehrheitspartei gewesen war. Sein demokratisches Selbstverständnis gebot ihm daher, einen letzten Versuch zu unternehmen, die Frage der Staatsform bis nach dem Kriege in der Schwebe zu halten und dem Votum der Staatsbürger zu unterwerfen. Deshalb bot Ebert dem Ersten Generalquartiermeister, Generalleutnant Groener, noch am 6. November, als die spontane revolutionäre Bewegung – ausgehend von den Kriegshäfen des Reichs und dann auf die Industriebezirke und Berlin, aber auch auf die Soldaten des Heimatheeres übergreifend – Deutschland bereits erschütterte, in geradezu feierlicher Form an, sich im Falle der sofortigen Abdankung von Kaiser und Kronprinz für die Erhaltung der parlamentarischen Monarchie mit einem kaiserlichen Prinzen als Regenten für den unmündigen ältesten Sohn des Kronprinzen einzusetzen. Als sich Groener weigerte, die Verantwortung für diesen Schritt zu übernehmen, konnte Ebert ihm nur noch erklären:

> „Unter diesen Umständen erübrigt sich jede weitere Erörterung, jetzt müssen die Dinge ihren Lauf nehmen."

Mit Eberts ausdrücklicher Zustimmung formulierten die Vorstände der Sozialdemokratischen Partei und der Reichstagsfraktion am folgenden Tag in ultimativer Form die Bedingungen für das Verbleiben der sozialdemokratischen Mitglieder in der Reichsregierung und stellten sich somit an die Spitze der Volksbewegung, die den Rücktritt von Kaiser und Kronprinz verlangte. Freilich enthielt dieses Ultimatum auch noch eine Chance für die bürgerlichen Parteien der Koalition und den Reichskanzler. Sie konnten sich mit der Sozialdemokratie verbünden und durch die Annahme von deren Forderungen wenigstens Teile ihrer politischen Zielvorstellungen, insbesondere aber als Symbol ihrer eigenen Überzeugungen die monarchische Staatsform über den militärischen Zusammenbruch Deutschlands hinwegretten. Aber weder der Reichskanzler noch die mit der Sozialdemokratie koalierenden Parteien besaßen den nötigen Mut, das Verantwortungsbewußtsein und letzten Endes auch nicht die unabdingbare Loyalität gegenüber dem Koalitionspartner, um in dieser Frage mit ihm gemeinsam handeln zu können.

Bei aller Bereitschaft zur Kooperation mit den bürgerlichen Parteien war Ebert jedoch nicht mehr willens, die Koalition mit ihnen um jeden Preis aufrechtzuerhalten. In seinen Gesprächen mit Prinz Max, mit den bürgerlichen Mitgliedern der Reichsregierung und in den interfraktionellen Beratungen ließ er keinen Zweifel daran, daß er für sich persönlich und auch für seine Partei einen Führungsanspruch erhob. Ebert wollte seine und seiner Partei Autorität bei der Arbeiterschaft für die Vermeidung revolutionärer, mit Blutvergießen verbundener Umsturzbewegungen einsetzen, aber zur Durchsetzung dieses Zieles war auch von seiten der bürgerlichen Parteien Entgegenkommen notwendig. So verstanden, wird jener vielzitierte und immer wieder falsch interpretierte Ausspruch gegenüber Prinz Max erklärlich:

> „Wenn der Kaiser nicht abdankt, dann ist die soziale Revolution unvermeidlich. Ich aber will sie nicht, ja ich hasse sie wie die Sünde."

Daß sich dieses Ziel nicht erreichen ließ, daß Ebert am 9. November schließlich durch die Entwicklung im Reich und in Berlin dazu gezwungen wurde, nicht nur das auch von ihm angestrebte Amt des Reichskanzlers zu übernehmen, sondern darüber hinaus auch die Kontinuität der Verfassungsentwicklung durch die Ausrufung der Republik durch Philipp Scheidemann unterbrochen wurde, war nur die logische Konsequenz des Versagens der bürgerlichen Parteien, der Bürokratie, der militärischen Führung und des ebenso wohlmeinenden wie schwachen Reichskanzlers Max von Baden.

Zitierte und weiterführende Literatur (vgl. a. die Angaben zu Kap. 4)

Max v. Baden, Erinnerungen und Dokumente, Stuttgart–Berlin–Leipzig 1927.

Winfried Baumgart, Deutsche Ostpolitik 1918. Von Brest-Litowsk bis zum Ende des Ersten Weltkrieges, Wien–München 1966.

Klaus Epstein, Matthias Erzberger und das Dilemma der deutschen Demokratie, Berlin 1962.

Theodor Eschenburg, Die improvisierte Demokratie. Gesammelte Aufsätze zur Weimarer Republik, München 1963.

Der Interfraktionelle Ausschuß 1917/18, hrsg. v. Erich Matthias u. Rudolf Morsey, 2 Bde., Düsseldorf 1959.

Die Regierung des Prinzen Max v. Baden, hrsg. v. Erich Matthias u. Rudolf Morsey, Düsseldorf 1962.

6. Reichskanzler und Volksbeauftragter (9. November 1918 bis 11. Februar 1919): Zur Grundlegung von Wohlfahrtsstaat und Demokratie in Deutschland

„Tatsächlich muß auf die Dauer ihr Buch auch die Wirkung haben, daß die Historiker und die Intellektuellen ihre falsche Einstellung zur Geschichte der Revolution korrigieren. Die Menschen werden anfangen zu begreifen, daß es viel schwerer ist, eine langweilige Revolution zu machen, als eine interessante. Daß es – wenn man genug Ausdauer hat – auch viel revolutionärer ist."
Dr. Arnold Brecht, Ministerialdirektor im Preuß. Staatsministerium, an Reichskanzler Hermann Müller, 7. April 1929.

a) Revolution und Konsolidierung der Macht

Kaum eine zweite Epoche in der deutschen Geschichte ist im Urteil von Historikern und Politikern so umstritten wie die Zeit zwischen dem vollständigen militärischen und politischen Zusammenbruch des Kaiserreichs im November 1918 und der Konsolidierung der republikanischen Staatsgewalt im Sommer 1919 nach dem Abschluß des Versailler Vertrages und der Verabschiedung der Reichsverfassung; denn in dieser Zeit sind nach allgemeiner Auffassung die Entscheidungen gefallen, die das Schicksal der Weimarer Republik bestimmten.

Parlamentarismus oder Bolschewismus – oder doch ein „dritter Weg"?

Die lange Zeit vorherrschende, vor allem von Sozialdemokraten in ihren Memoiren und von konservativen Historikern nach dem Zusammenbruch des Dritten Reichs vertretene Interpretation sieht den Entscheidungsspielraum der handelnden Politiker zu Beginn der Revolution beschränkt auf die Beantwortung einer großen Alternative, ob sich in Deutschland „die westeuropäische Idee des Parlamentarismus und der Demokratie oder die Leninsche Idee des Rätestaates als die stärkere erweisen" würde, oder, anders ausgedrückt, ob sich der Bolschewismus, die Diktatur des Proletariats, oder die parlamentarische Demokratie durchsetzen würde. Alle Handlungen der verantwortlichen Politiker werden dann an diesem interpretatorischen Zwangskorsett gemessen und das beinahe zwangsläufige Fazit dieser Betrachtungsweise lautet, daß die

Politiker nicht anders handeln konnten, als sie es taten, daß also „der Fehlschlag der sozialen Revolution überhaupt die Vorbedingung dafür war, daß sie (i. e. die Weimarer Republik) als das bestimmte historische Phänomen, als das sie vor uns steht, ins Leben trat". Implizit enthält diese These alle Elemente eines konservativen, apolitischen Geschichtsverständnisses, das den Historiker zum bloßen Registrator des Gewesenen macht, der Frage nach alternativen Entscheidungsmöglichkeiten aber ausweicht. Kaum weniger dogmatisch und ahistorisch sind die von kommunistischer Seite gelieferten Interpretationsversuche. Auch sie reduzieren ihre Fragestellung, wenngleich mit umgekehrter Wertung, darauf, ob sich die angestrebte Diktatur des Proletariats oder aber die parlamentarische Demokratie, d. h. in ihren Deutungsversuchen der „Imperialismus", das „Monopolkapital" und das „Junkertum", durchsetzen konnten. Für diese beiden Interpretationsmethoden gilt also gleichermaßen, daß sie nur eine sich ausschließende Alternative als historische Tatsache in der Novemberrevolution anerkennen. Für beide Interpretationsversuche gilt auch, daß sie völlig undifferenziert alle politischen Erscheinungsformen, die nicht in ihr vorgeformtes Schema von parlamentarischer Regierung oder Diktatur des Proletariats als wahrer Demokratie passen, entweder unter den Begriff „Bolschewismus" oder „Konterrevolution" subsumieren.

Die von Theodor Eschenburg vertretene Auffassung, daß „Improvisation" das besondere Merkmal der ersten deutschen Demokratie gewesen sei, hat zwar eine neue griffige Formel in die Diskussion eingeführt, aber diese These ist im Grunde substanzlos. Hierauf hat mit Recht Erich Matthias hingewiesen. Sinnvoller erscheinen jene Deutungsversuche, die im November 1918 grundsätzlich von einer offenen politischen Entscheidungssituation ausgehen und versuchen, die alternativen Entscheidungsmöglichkeiten aufzuweisen. Zunächst aus der Ablehnung jener apodiktischen Formel des Entweder-Oder, hier Bolschewismus, dort die Weimarer Republik, wie sie tatsächlich war, entstanden, haben die Neuinterpretationen sich vor allem der Rätebewegung angenommen und versucht, sie als eine Alternative zur tatsächlichen Verfassungsentwicklung der Weimarer Republik darzustellen, die bei einer sinnvollen Integration in die parlamentarische Demokratie die Chance geboten hätte, dieser die notwendige breite Basis zu schaffen und die Arbeiterschaft an den neuen Staat zu binden. Diese These wirkt auf den ersten Blick bestechend, doch wenn man die zu ihrer Untermauerung vorgelegten Untersuchungen überprüft, wird deutlich, daß sie einerseits auf einer ungerechtfertigt optimistischen Beurteilung der Möglichkeiten und Chancen, die den verantwortlichen Politikern in der Revolution offenstanden, und andererseits auch auf einer

Der erste Rat der Volksbeauftragten. Er amtierte nur zwei Monate (10. November bis 29. Dezember 1918).

einseitigen Überbewertung der Leistungsfähigkeit der Räte selber beruht. Es war eben nicht nur doktrinäre Intransigenz oder politische Phantasielosigkeit, die die Sozialdemokratische Partei in Opposition zum Rätesystem brachte, sondern die nüchterne Erkenntnis, daß die Räte weder im Bürgertum noch in weiten Teilen der Arbeiterschaft akzeptiert würden, daß darüber hinaus der Rätegedanke die Position der Gewerkschaften gefährden mußte, was die Partei, wollte sie ihre innere Struktur und ihren Charakter nicht grundlegend ändern, wegen der engen Verbindungen mit den Gewerkschaften nicht hinnehmen konnte.

Das vielfach zu beobachtende dilettantische und konzeptionslose Vorgehen der Räte konnte die Abneigung der Führer der Sozialdemokratischen Partei nur noch steigern. Außerdem wird man sich im Hinblick auf die heute entwickelten Vorstellungen von den Räten fragen müssen, ob nicht gerade jene Vertreter des Rätegedankens, die ihn mit aller Macht propagierten, durch ihren doktrinären Radikalismus verhinderten, daß das durch die Revolution freigesetzte „demokratische Potential" wirksam werden konnte. Denn wer nur das Versagen der mehrheitssozialdemokratischen Volksbeauftragten sehen will und mit den Wählerzahlen zur Nationalversammlung zu beweisen sucht, daß die radikalen Kräfte in Deutschland keine Basis hatten, der wird sich die Frage gefallen lassen müssen: Hatte nicht auch in Rußland eine verschwindende Minderheit die originär demokratische Rätebewegung umfunktioniert und war das Ergebnis der Wahlen zur Nationalversammlung nicht auch eine Folge der Agitation und Aktion einer verschwindenden Minderheit in Deutschland, die jedoch ausreichte, um eine mehrheitliche Wahlentscheidung des deutschen Volkes für die MSPD und die in ihrer überwiegenden Mehrheit auch gemäßigte USPD zu verhindern?

Auch die Deutungen der Novemberrevolution, die gegen die These, daß eine eindeutige Alternativsituation vorgelegen habe, die Möglichkeiten des dritten Weges hervorheben, teilen weitgehend die Überzeugung, daß in den Monaten von November 1918 bis zum August 1919 unwiderrufliche Entscheidungen getroffen wurden, die die Entwicklung der Weimarer Republik bis zu ihrem Ende in gewisser Weise determinierten. Dabei ist fast allgemein eine deutliche Unterschätzung der sozialstaatlichen Komponente der Verfassungsordnung der Weimarer Republik und der sich hierin auch ausdrückenden grundlegenden politischen Wandlungen gegenüber der Zeit des Kaiserreichs zu beobachten. Gegen solche Interpretationen wird man aber die grundsätzliche Offenheit jeder historischen Entwicklung zu jedem Zeitpunkt betonen müssen: Immer wieder wurden in der Weimarer Republik die verantwortlich Handelnden vor Entscheidungsalternativen gestellt; immer wieder hatten sie die Chance, die Demokratie der Weimarer Republik fortzuentwickeln – oder die durch die Oktoberverfassung und die Novemberrevolution gelegten Fundamente zu zerstören.

Ebert wird Reichskanzler

Als Prinz Max von Baden am 9. November von seinem Amt als Reichskanzler zurücktrat, nachdem er zuvor noch ohne das Einverständnis des Kaisers dessen Abdankung verkündet hatte, drohte zu dem Erosionsprozeß, der sich in den ersten Novembertagen vor allem im Heer gezeigt hatte, auch noch ein Machtvakuum in der Zentralgewalt des Reiches zu entstehen. Prinz Max überspielte diese Gefahr, indem er mit voller Zustimmung aller Staatssekretäre dem Führer der Sozialdemokratischen Partei, Friedrich Ebert, das Reichskanzleramt übertrug. Verfassungsrechtlich war dieser Schritt natürlich unzulässig, ja „revolutionär", aber in der gegebenen politischen Situation war er notwendig, um die Kontinuität des Regierungsprozesses zu wahren und die komplizierte Verwaltungsmaschinerie des Reiches in Gang zu halten.

Zweifel darüber, daß nur ein Sozialdemokrat jetzt das Amt des Reichskanzlers übernehmen konnte, hatte es auch unter den bürgerlichen Politikern nicht gegeben und auch die Entscheidung für Friedrich Ebert war sowohl bei den Sozialdemokraten – Scheidemann hatte allerdings auch Ambitionen gehabt – als auch bei den bürgerlichen Parteien und bei der Bürokratie unumstritten. Weniger selbstverständlich war es jedoch, daß sich Ebert bereit fand, die Konkursmasse des in moralischer und politischer ebenso wie in militärischer und wirtschaftlicher Hinsicht bankrotten Kaiserreichs zu übernehmen. Wohl verbot es ihm sein Wille zum Handeln, zur Veränderung politischer und sozialer Verhältnisse, den Staat – das hieß für ihn aber die Bürger – den seiner Ansicht nach nicht legitimierten linksradikalen Revolutionären oder aber den alten, abgewirtschafteten politischen und militärischen Machthabern zu überlassen, aber man kann kaum leugnen, daß ein hohes Maß an Selbstüberwindung dazu gehörte, in einem Moment die Regierungsgewalt zu übernehmen, in dem einer großen Zahl von Bürgern die totale militärische Niederlage noch überhaupt nicht voll bewußt geworden war. Denn die erste Aufgabe der neuen Regierung war die Besiegelung der totalen militärischen Niederlage, um die sich die verantwortlichen Militärs drückten, „um die Waffe blank und den Generalstab für die Zukunft unbelastet zu erhalten", wie es der Erste Generalquartiermeister Wilhelm Groener in der Rückschau formulierte. Für das politische Klima in der Weimarer Republik wäre es gewiß zuträglicher gewesen, wenn sich die verantwortlichen Militärs nicht hätten aus der Verantwortung für die militärische Niederlage fortstehlen können. Auf jeden Fall hätte dann die „Dolchstoßlegende", jene Behauptung, das unbesiegte deutsche Heer sei durch das Zusammenbrechen der „inneren Front" in die Niederlage getrieben worden, später kaum eine solche Resonanz gefunden. In der akuten innen- und außenpolitischen Lage war allerdings für solche Überlegungen kein Raum; es mußte sofort eine nach innen und außen glaubwürdig erscheinende und handlungsfähige Regierung gebildet werden. Unter Eberts Führung war die deutsche Sozialdemokratie hierzu bereit.

Erneut um die Einheit der Arbeiterparteien: Das Junktim von revolutionärer und demokratischer Legitimation

Doch in der Situation des 9. November waren zunächst andere Fragen zu klären. Mit wem, nach welchen Prinzipien und mit welcher Legitimation sollte Ebert regieren? Wohl hatten sich sämtliche Staatssekretäre zur Fortführung ihrer Ämter bereit erklärt, und Ebert selbst hatte auch sofort mit Scheidemann – unter Aufhebung seines am Morgen des 9. November vorgelegten Entlassungsgesuchs – und Otto Landsberg zwei weitere Sozialdemokraten in die Regierung berufen, aber eine Legitimation zur Übernahme der politischen Führung ergab sich hieraus noch nicht, ebensowenig wie die Zustimmung der revolutionären „Massen" Berlins allein diese Legitimation verleihen konnte. Ebert machte daher schon bei der Besprechung mit den Mitgliedern des alten Kabinetts am 9. November deutlich, daß er entschlossen war, den Gedanken einer verfassunggebenden Nationalversammlung aufzunehmen und sobald als möglich für seine Regierung ein demokratisches Votum herbeizuführen. Eine Einberufung des alten Reichstags, wie er von den Koalitionsparteien der Regierung Max von Baden gewünscht wurde, kam für Ebert allerdings nicht nur aus praktischen Gründen, sondern auch aus der grundsätzlichen Überlegung, daß der Reichstag in seiner tatsächlichen Zusammensetzung schon bei seiner Wahl im Jahre 1912 nicht dem Volkswillen entsprochen hatte und diesen nach dem Weltkrieg noch viel weniger widerspiegelte, nicht in Frage. Freilich hatte Ebert schon vor seiner Ernennung zum Reichskanzler für eine Verbreiterung seiner Regierungsbasis Vorbereitungen getroffen. Auf seine Initiative hin hatte der Vorstand der MSPD am Morgen des 9. November der USPD die Beteiligung an der Regierung angeboten, war jedoch zunächst ohne Antwort geblieben, da Hugo Haase, der anerkannte Führer der USPD, sich nicht in Berlin befand.

Zudem zeigte sich jetzt die Heterogenität dieser Partei in aller Schärfe. Während ein linker Flügel, um den erst vor wenigen Tagen auf Initiative der Mehrheitssozialdemokraten aus der Haft entlassenen Karl Liebknecht, gegen die Beteiligung an der Regierung polemisierte und versuchte, sie durch die Formulierung von für die MSPD unannehmbaren Bedingungen zu torpedieren, war die Mehrheit der Partei bereit, im Interesse der Einheit der Arbeiterbewegung und des sozialen Fortschritts ein Bündnis mit der MSPD einzugehen. Als Voraussetzung für dieses Bündnis verlangte die USPD, daß beide Parteien im Kabinett gleichberechtigt und in gleicher Zahl vertreten sein sollten, daß alle bürgerlichen Mitglieder aus dem verantwortlichen Kabinett ausgeschlossen und die verbleibenden Staatssekretäre der Reichsämter nur als technische Gehilfen des Kabinetts fungieren sollten. Nach den Vorstellungen der USPD – Eduard Bernstein berichtet, Karl Liebknecht habe den folgenden Passus in „fast befehlendem Ton" der Fraktion der USPD oktroyiert – sollte die gesamte gesetzgebende, richterliche und vollziehende Gewalt „ausschließlich in den Händen von gewählten Vertrauensmännern der gesamten werktätigen Bevölkerung und der Soldaten" liegen. Zugleich wollte die Partei nur einer auf drei Tage bis zum Abschluß des Waffenstillstandes begrenzten Beteiligung an der Regierung zustimmen.

Für Ebert waren die USPD-Forderungen in zwei Punkten völlig unannehmbar. Einmal wollte er nicht auf die Mitarbeit der bürgerlichen Parteien und der hohen Ministerialbürokratie verzichten. Neben rein pragmatischen Gründen, die einen solchen umfassenden Personalwechsel schon mit Blick auf die Waffenstillstandsverhandlungen oder die Lebensmittelversorgung, um nur zwei Beispiele zu nennen, unausführbar machten, und der nicht von der Hand zu weisenden Überlegung, daß die Sozialdemokratie gar nicht genügend ausgebildete Anhänger besaß, um auch nur eine größere Zahl der politisch wichtigen Verwaltungspositionen ad hoc und ohne vorherige Einarbeitung zu besetzen, war für Ebert dabei folgender Gesichtspunkt maßgebend. Die Möglichkeit zu einer Koalition der Mitte mit Zentrum und Fortschrittlicher Volkspartei mußte schon angesichts der ungeklärten Verhältnisse innerhalb der USPD, die diese zu einem ganz unsicheren Koalitionspartner machten, aufrechterhalten werden. Und daneben bestand auch kein Grund, jene Beamten in Reich und Ländern, die versicherten, der neuen Regierung loyal dienen zu wollen, aus ihren Ämtern zu entfernen und dadurch diese wichtige soziale Gruppe von vornherein in erbitterte Opposition zu dem neuen Staat zu treiben.

Traf die USPD also schon bei diesem Punkt auf entschiedenen Widerspruch Eberts und der MSPD, so war die Forderung, sämtliche staatliche Gewalt bei den „gewählten Vertrauensmännern der gesamten werktätigen Bevölkerung und der Soldaten", d. h. bei den Arbeiter- und Soldatenräten, zu monopolisieren, für Ebert und seine Partei völlig unannehmbar. In dürren Worten kommentierte der Vorstand der MSPD:

> „Ist mit diesem Verlangen die Diktatur eines Teils einer Klasse gemeint, hinter dem nicht die Volksmehrheit steht, so müssen wir diese Forderung ablehnen, weil sie unseren demokratischen Grundsätzen widerspricht."

Ein Beharren der USPD auf ihrer von Liebknecht formulierten Forderung hätte zweifelsohne das Zustandekommen einer von beiden sozialdemokratischen Parteien getragenen Regierung verhindert. Doch in dieser Situation griff Haase, der am 10. November nach Berlin zurückgekehrt war, ein. Er präzisierte und schwächte die Bedingungen der USPD in den entscheidenden Punkten ab. Eine Befristung für die Regierungsbeteiligung war nun nicht mehr vorgesehen, bürgerliche Politiker sollten weiterhin als Fachminister, d. h. als Staatssekretäre und Leiter der Reichsämter, fungieren können, wenn auch kontrolliert durch jeweils zwei Beigeordnete aus den beiden sozialdemokratischen Parteien, und gegenüber einer verfassunggebenden Nationalversammlung verhielt sich die USPD nun nicht mehr völlig ablehnend. Zwar blieben auch nach dieser Revision der Forderungen durch die USPD noch viele Fragen offen, bestanden weiterhin in wichtigen Grundsatzentscheidungen offensichtliche Meinungsverschiedenheiten zwischen den beiden sozialdemokratischen Parteien, aber angesichts der Stimmung in der Mitgliedschaft in beiden Parteien, die ein Zusammengehen von MSPD und USPD wünschten, schien ein vertretbarer Kompromiß zwischen den Auffassungen von MSPD und USPD gefunden. Auf jeden Fall glaubten Ebert und der Vorstand der MSPD, den Versuch unternehmen zu sollen, gemeinsam mit der USPD die Regierung zu bilden und damit vielleicht auch die Brücke für die Wiedervereinigung mit dem Gros der USPD zu schaffen.

Auf der Grundlage dieses Kompromisses wurde am 10. November die Regierung der Volksbeauftragten gebildet, der neben Ebert und Scheidemann von der MSPD noch der Rechtsanwalt und Reichstagsabgeordnete Otto Landsberg und von seiten der USPD Hugo Haase, der Reichstagsabgeordnete Wilhelm Dittmann sowie der Vorsitzende der „revolutionären Obleute" in Berlin, Emil Barth, angehörten. Die Vollversammlung der Berliner Arbeiter- und Soldatenräte billigte am Abend des 10. November nachträglich die Modalitäten bei der Bildung des Rats der Volksbeauftragten und auch dessen Zusammensetzung, aber irgendeinen bestimmenden Einfluß, wie dies ja in den ursprünglichen Forderungen der USPD verlangt worden war, hatte er auf die Bildung der Regierung nicht nehmen können, geschweige denn, daß erst durch seine Zustimmung der Rat der Volksbeauftragten Legitimität gewonnen hätte.

Als Stimmungsbarometer war diese Versammlung allerdings wichtig; sie zeigte nämlich den Vertretern beider Parteien ganz deutlich, daß ungeachtet aller persönlichen und sachlichen Gegensätze zwischen den Parteiführungen die große Mehrheit der Parteimitglieder offensichtlich ein Zusammengehen von MSPD und USPD als Gebot der Stunde sahen. Immer wieder wurde das Verlangen nach der Einheit der Arbeiterklasse gestellt und folgerichtig von der überwältigenden Mehrheit der Arbeiter- und Soldatenräte der Versuch linksstehender USPD-Politiker wie Barth, nur Vertreter ihrer Partei als Vertreter der Arbeiter in den Vollzugsrat zu entsenden, abgewiesen. Karl Liebknechts Rede, in der er Ebert zum Konterrevolutionär abzustempeln suchte, ging im anhaltenden Tumult der Versammlung unter. Sein Ziel, die Verdrängung Eberts und der MSPD, aber auch der als „rechts" qualifizierten USPD-Führer wie Haase aus der Regierung durch ein Votum der Arbeiter- und Soldatenräte zu erzwingen, ließ sich in der damaligen Situation mit einer demokratischen Mehrheitsentscheidung selbst unter der radikalisierten Berliner Arbeiterschaft nicht erreichen. Das bedeutete für den linken Flügel der USPD und den Spartakusbund zweifellos eine Enttäuschung, die sie bald nach anderen Wegen suchen ließ, um ihre politischen Vorstellungen durchzusetzen.

Ebert hatte somit seine wichtigsten politischen Ziele erreicht: Das Bündnis mit der USPD war durch eine mehrheitliche Entscheidung der Arbeiter- und Soldatenräte gebilligt, der Weg zur verfassunggebenden Nationalversammlung freigehalten, die Mitarbeit bürgerlicher Politiker nicht ausgeschlossen und die USPD zunächst in einen rechten grundsätzlich kooperationsbereiten und kooperationsfähigen Flügel und einen linken radikalen, auf die „Diktatur des Proletariats" eingeschworenen Flügel gespalten. Gerade dieses letztere Ergebnis wurde in mehrheitssozialdemokratischen Kreisen mit Erleichterung aufgenommen. Hermann Molkenbuhr notierte in sein Tagebuch:

> „Ein Stein fiel mir vom Herzen als ich heute las (,) daß Haase und Genossen neben Ebert und Scheidemann in die Regierung eingetreten sind. Dadurch ist die Bolschewikitruppe gespalten. Vielleicht führt das Zusammenarbeiten auch wieder zur Einigung mit einem großen Teil der Unabhängigen. Die Mitarbeiter in der Regierung werden bald Zielscheibe der Angriffe der Bolschewikitruppe sein ... Das Regieren wird nicht erleichtert, aber es ist besser, die Reibungen sind im Sitzungszimmer des Kabinetts als auf der Straße."

Durch die Koalition mit der USPD und deren Billigung durch den Berliner Arbeiter- und Soldatenrat war Ebert wenigstens für den Augenblick eine Konsolidierung der staatlichen Gewalt gelungen, wenn auch die Entscheidung über die wichtige Verfassungs- und Machtfrage, ob als Wahl- und Kontrollorgan der Regierung und als gesetzgebende Gewalt die Arbeiter- und Soldatenräte oder aber eine Nationalversammlung fungieren sollten, zunächst nur ausgeklammert war.

Ebert und die Sicherung der Macht: Zwischen Herrschaft der Straße und Herrschaft der Reaktion

Ebert hatte sich in der Regierung die beiden wichtigsten Aufgabengebiete, die Innen- und Militärpolitik, reserviert: Er residierte als letzter „kaiserlicher" Reichskanzler im alten Reichskanzlerzimmer, er führte in allen Sitzungen des Rats der Volksbeauftragten und der Gesamtregierung unangefochten den Vorsitz und bestimmte den Gang der Verhandlungen und – dies war machtpolitisch von besonderer Bedeutung – die hohe Bürokratie sah in ihm immer den Regierungschef. Da der formal gleichberechtigte Mitvorsitzende Hugo Haase auch nie einen ernsthaften Versuch unternahm, Ebert diesen Vorrang streitig zu machen, muß man die Regierung der Volksbeauftragten doch eher als Regierung Ebert bezeichnen. Noch deutlicher trat die politische Führungsrolle Eberts naturgemäß nach dem Austritt der Unabhängigen am 28./29. Dezember hervor, doch verdient es hervorgehoben zu werden, daß es sich hier mehr darum handelte, daß der Öffentlichkeit eine schon längere Zeit bestehende Tatsache bewußt wurde, als daß sich faktisch etwas an der Machtverteilung innerhalb der Regierung änderte.

Wirklich gesichert war die Macht der neuen Regierung am 10. November allerdings trotz der breiten Basis, auf der sie durch die neugebildete Koalition mit der USPD und durch die indirekt und unausgesprochen fortbestehende Koalition mit den bürgerlichen Mittelparteien beruhte, noch nicht. Denn das zweite Zentrum der Macht im Reich, die Oberste Heeresleitung, die seit 1916 fast diktatorische Macht über Deutschland ausgeübt hatte, und mit ihr das Heer standen noch abseits. Wenn auch die Revolution von den bewaffneten Streitkräften ausgegangen war, die Marine sich in einem vollständigen Auflösungsprozeß befand, das sogenannte Heimatheer gegen die Offiziere rebelliert hatte, so befanden sich doch rd. vier Millionen Soldaten des Feldheeres noch verhältnismäßig fest in der Hand der Obersten Heeresleitung und stellten damit ein auch im innenpolitischen Kampf nicht zu unterschätzendes Machtinstrumentarium dar. Da aber auch die Oberste Heeresleitung sich auf schwankendem Boden befindlich sah – zu deutlich hatten die Vorgänge im Heimatheer den Autoritätsverlust des Offizierskorps gezeigt –, bot sie am Abend des 10. November der neuen Regierung, insbesondere aber Ebert persönlich, dem man vertraute, ihre Unterstützung an. Unter der Bezeichnung Ebert-Groener-Bündnis ist dieser Vorgang in die Geschichtsschreibung eingegangen. Grundsätzlich ist zu diesem Bündnis zu sagen, daß es in der gegebenen Situation unumgänglich war, die Oberste Heeresleitung auf ihrem Posten zu belassen. Denn die Vorbereitungen für die Demobilmachung, für die Rückführung der Millionenheere, die noch auf dem Boden Belgiens und Frankreichs standen und die nach dem am 11. November abgeschlossenen Waffenstillstandsvertrag binnen 14 Tagen zu erfolgen hatte, erforderten den eingespielten Apparat der Obersten Heeresleitung. Diese Tatsache wurde von den Volksbeauftragten beider Parteien vorbehaltlos anerkannt. Wilhelm Dittmann hat in seinen Erinnerungen diese Entscheidung zutreffend damit begründet, daß ohne die OHL und die stellvertretenden Generalkommandos bei der Demobilmachung eine „heillose Desorganisation“ entstanden wäre und sich in Deutschland zu Recht ein „Sturm der Entrüstung“ erhoben hätte, wenn durch die Ablösung der alten militärischen Gewalten „kurz vor Toresschluß“ größere Teile des deutschen Westheeres in Kriegsgefangenschaft geraten wären.

Neben diesen pragmatischen, von allen Volksbeauftragten geteilten Gesichtspunkten hat Ebert zu seiner Vereinbarung mit Groener sicherlich auch die Überlegung bewogen, daß seine Regierung zur Durchsetzung ihrer politischen Zielsetzungen eines militärischen Rückhalts bedurfte. Die Erfahrungen in der russischen Revolution 1917, als sich das Heer praktisch aufgelöst bzw. als Instrument der russischen Zentralregierung zu existieren aufgehört hatte und damit ein Machtvakuum entstanden war, das durch verhältnismäßig kleine, von einer entschlossenen Minderheit geführte bewaffnete Verbände zu schließen war und in der Machtergreifung Lenins und der Bolschewiki endete, standen Ebert dabei zweifelsohne vor Augen. Hinzu kam, daß die völlig ungeklärte Lage im Osten des Reiches, die Frage, wie die Grenzziehung zwischen dem wiederentstehenden polnischen Staat und dem Deutschen Reich aussehen sollte, die Aufrechterhaltung eines funktionierenden Militärapparats erforderte, wollte man nicht zulassen, daß vor einer friedensvertraglichen Regelung durch Polen vollendete Tatsachen geschaffen wurden. Es war also eine Kombination aus innen- und außenpolitischen Gesichtspunkten, die Ebert bewog, das Angebot, das von der OHL ausgegangen war, anzunehmen. Selbstverständlich hat die militärische Führung durch das mit Ebert geschlossene Abkommen viel von ihrer verlorengegangenen Autorität zurückgewonnen und dadurch auch objektiv die Chance erhalten, sich als eine konservative Gegenmacht zur Regierung der Volksbeauftragten zu etablieren, die imstande war, eine Sonderpolitik neben der und bisweilen auch gegen die Regierung zu betreiben. Bedenkt man jedoch die Machtfülle, die die OHL in den letzten beiden Kriegsjahren besessen und die sie zum eigentlichen Entscheidungszentrum der deutschen Politik gemacht hatte, so enthielt das Bündnis mit Ebert auch einen Verzicht hierauf und die Unterordnung unter die zivile Reichsleitung. Daß auf beiden Seiten bei diesem sogenannten Bündnis Ebert-Groener auch Hintergedanken bestanden, daß die OHL durch Unterstützung Eberts hoffte, nicht nur ihre angeschlagene Position zu stärken, sondern auch den „Bürgerlichen" zunächst Mitwirkungschancen zu erhalten, um dann später – nach Abflauen der revolutionären Unruhe – ihnen auch wieder eine entscheidende Stellung in der Politik des Reiches zu verschaffen, ist ebenso deutlich, wie umgekehrt Ebert und die Mehrheitssozialdemokratie darauf setzten, daß sie nach erfolgreichen Wahlen zur Nationalversammlung die militärische Führung endgültig in eine dienende, nicht aber mehr politisch gestaltende Funktion verweisen konnten.

Daß das Kalkül der OHL und nicht jenes Eberts aufging, lag einerseits an einer unzureichenden Kontrolle der OHL durch die Regierung der Volksbeauftragten, zum andern daran, daß die Linksradikalen um Karl Liebknecht und Rosa Luxemburg die Wahlen zur Nationalversammlung mit allen Mitteln zu verhindern suchten, und schließlich spielte es eine Rolle, daß es der Regierung unter Ebert trotz ihrer Bemühungen nicht gelang, eine eigene zuverlässige demokratische Schutztruppe aufzustellen. Denn jene Truppen, die sich wie die Volksmarinedivision der Regierung Ebert zur Verfügung gestellt hatten, liefen entweder zu den Linksradikalen über oder aber sie waren in entscheidenden Situationen nicht bereit, die Regierung notfalls mit Waffengewalt zu schützen. So problematisch sich das vielfältig verschachtelte Bündnis von Rat der Volksbeauftragten, Oberster Heeresleitung, Bürokratie und den Parteien von der USPD bis zum linken Flügel der Nationalliberalen in den folgenden Wochen und Monaten auch erweisen sollte, so war doch zweifelsohne Ebert mit diesem Bündnis für den Augenblick und selbst nach dem Ausscheiden der USPD eine Konsolidierung der Macht der neuen Regierung gelungen. Auch implizierte die Heranziehung so großer Teile der gesellschaftlich und politisch relevanten Kräfte deren Mitverantwortung für die politische Entwicklung des Reiches, selbst wenn sie sich später aus dieser Verantwortung zurückzogen.

„Ohne Demokratie keine Freiheit“

Von entscheidender Bedeutung war es, daß in den folgenden Wochen das Bündnis zwischen der MSPD und der USPD an dem Streit um die verfassungspolitischen Grundlagen des Reichs und an der Heterogenität der USPD zerbrach. Wohl hatten die USPD-Vertreter noch bei der Formulierung des Regierungsprogramms der Einberufung einer konstituierenden Nationalversammlung zugestimmt, während von den Räten als Inhabern der souveränen Gewalt keine Rede gewesen war, wohl wirkten sie an den Beratungen über die mit der Wahl einer Nationalversammlung zusammenhängenden technischen Fragen voll mit, aber unter dem Druck des linken Parteiflügels und der radikalisierten Anhängerschaft glitten sie immer mehr auf die Seite derjenigen, die statt parlamentarischer Demokratie offen die Diktatur des Proletariats forderten. Dieser Radikalisierungsprozeß, der sich vor allem in Berlin, aber auch in München, Bremen und den Industriegebieten Sachsens und an Rhein und Ruhr immer wieder in unkontrollierten Aktionen gegen den Rat der Volksbeauftragten entlud, hatte zwei Wirkungen: Einmal diskreditierte er insgesamt die Rätebewegung, in der Ebert und die Mehrheitssozialdemokratie infolge des Verhaltens ihrer führenden Repräsentanten und vor allem aufgrund der Berliner Erfahrungen nun undifferenziert nur noch eine bolschewistische Bewegung sahen und sich daher zu ihrer Bekämpfung entschlossen, zum anderen eröffneten die Maßnahmen der Linksradikalen für alle jene Kräfte, die tatsächlich Feinde der Republik und einer demokratischen Verfassungsentwicklung waren, erst die Möglichkeit, wieder Resonanz in der Bevölkerung zu finden.

Auf zahllosen Volksversammlungen, immer wieder im Kabinett und bei Besprechungen hat Friedrich Ebert diesen Gedankengang ausgesprochen.

> „Ohne Demokratie keine Freiheit, Gewalt, einerlei von wem sie angewandt wird, ist immer reaktionär. Die alten Tyrannen sind verjagt, belastet mit dem Fluch des Unglücks, das über uns gekommen ist. Alle Versuche, das alte Regime neu zu beleben, werden wir mit äußerster Entschlossenheit niederkämpfen. Aber ebenso begegnen wir auch der Aufrichtung jeder neuen Gewaltherrschaft, die verhindern will, daß unser Volk in freier Wahl sein Schicksal selbst bestimmt. Täglich rufen Liebknechts fanatische Anhänger zur Gewalt, täglich verteilen sie Waffen, täglich drohen sie, die Regierung der Republik mit Waffengewalt anzugreifen. Wir werden mit äußerster Entschlossenheit allen diesen Versuchen begegnen. Wir sind keine Regierung der

Gewalt. Unsere Legitimation zur Regierung beruht einzig und allein auf dem Willen unseres Volkes. Solange aber unser Volk nicht in freier Wahl seine Regierung selbst bestimmen kann, solange bleibt jede Regierung ein Provisorium. Deshalb ist es unerläßlich notwendig, daß schnellstens die konstituierende Nationalversammlung kommt. Die Konstituante wird der Sieg der Sozialdemokratie sein. Die Freiheit allein bietet Schutz gegen den Bürgerkrieg, und deshalb muß die Freiheit gesichert werden."

Rückschauend wird man sagen können, daß Ebert die Gefahren der linksradikalen Bewegung überschätzt hat, aber auch im nachhinein wird man die damals gezogenen Vergleiche mit der Entwicklung in Rußland 1917 nicht ohne weiteres als abwegig bezeichnen können. Auch wird sich derjenige, der ständig die Gewalt predigte, der Ebert zum deutschen Kerenski machen und selber den deutschen Lenin spielen wollte, nicht wundern dürfen, wenn sich Friedrich Ebert weigerte, diese ihm zudiktierte Rolle zu übernehmen und die militärische Macht, die sich ihm zur Verfügung stellte, mobilisierte, um die Aufstandsversuche der Linksradikalen niederzuwerfen. Gewiß war die von den Freikorps angewandte Brutalität bei der Niederwerfung des Aufstandes, die Unfähigkeit, die Mörder Rosa Luxemburgs und Karl Liebknechts wirklich zur Rechenschaft zu ziehen, auch von Ebert und Noske mitzuverantworten. Aber es lag nicht an ihrer mangelnden Bereitschaft, gegen Exzesse einzuschreiten und den legitimen Abwehrkampf gegen die Linksradikalen in rechtsstaatlichen Formen zu führen, sondern an der gerade durch die Linksradikalen herbeigeführten Konstellation, die ihnen keinen anderen Ausweg zu lassen schien, als sich gerade jener Kräfte zu bedienen, deren politische Ziele auf die Unterhöhlung der angestrebten demokratischen Staats- und Gesellschaftsordnung gerichtet waren.

Friedrich Ebert hat in den Revolutionsmonaten sicherlich die politische Lage nicht immer richtig eingeschätzt, und ebenso sicher war seine Entscheidungsfreiheit auch dadurch stark eingeschränkt, daß er bewußt eine möglichst große Zahl der gesellschaftlich relevanten Kräfte am politischen Willensbildungsprozeß hatte beteiligen wollen, aber man wird auch nicht leugnen können, daß ihn das Verhalten seiner USPD-Kollegen im Rat der Volksbeauftragten und das Vorgehen der Kommunistischen Partei (früher Spartakusbund und revolutionäre Obleute) kaum dazu ermutigen konnten, das Experiment mit der Rätebewegung zu wagen. Denn wo war die Scheidelinie zu ziehen zwischen denjenigen, die auf dem Umweg über das Rätesystem die von Ebert abgelehnte „Diktatur des Proletariats" erreichen wollten, und jenen, die die Rätebewegung förderten und die Sozialisierung der Schlüsselindustrien anstrebten, weil sie eine grundlegende Veränderung der sozialen und ökonomischen Verhältnisse als Grundvoraussetzung für eine soziale und parlamentarische Demokratie ansahen? So war dieser „dritte Weg“ durch die mannigfachen Fehlleistungen lokaler Räte politisch diskreditiert und – wenn überhaupt – nur als negative Alternative in das Bewußtsein der Mehrheit des Volkes eingedrungen, ehe er eine Chance hatte, aufgrund eines demokratisch legitimierenden Wahlaktes seine Tragfähigkeit zu erweisen. Während der große „revolutionäre“ gesellschaftliche und ökonomische Umschwung ausgeblieben war, hatte Ebert jedoch in täglicher Kleinarbeit, mit vielfachen Schwierigkeiten kämpfend, die Grundlage für eine soziale Demokratie gelegt.

b) Wegbereiter einer „sozialen Demokratie“

Wenn man sich die erbitterten Auseinandersetzungen um die verfassungspolitischen Grundentscheidungen, die ständig durch Streiks und Putschversuche in Bewegung befindliche öffentliche Meinung und den daraus resultierenden Kampf um die Sicherung der eigenen Macht während der Revolutionszeit vergegenwärtigt, ist es im Grunde erstaunlich, wieviel an konkreten Maßnahmen Ebert und seine Kollegen zur Sicherung des sozialen Fortschritts vornehmen konnten. Der Krieg hatte den Volksbeauftragten neben der Aufgabe, die politische Demokratisierung durchzusetzen, drei große Probleme hinterlassen: Einmal galt es, die Volksernährung zu sichern, zum anderen die Demobilisierung des Feldheeres und die Eingliederung von Millionen Soldaten in den Arbeitsprozeß zu organisieren und drittens, teilweise aus den politischen Überzeugungen der Volksbeauftragten resultierend, stellte sich das Problem der Wiederankurbelung der Wirtschaft und der Fortbildung der staatlichen Sozialpolitik.

Um die Sicherung der Volksernährung

Während ältere Darstellungen der Revolution – wie die von Arthur Rosenberg – noch sehr ausführlich über die außerordentlich schwierige Aufgabe berichten, wie die Ernährung der deutschen Bevölkerung sichergestellt werden konnte, wird diese Problematik in neueren Untersuchungen meist nur beiläufig erwähnt. Und doch handelte es sich hierbei im wörtlichen Sinne um Leben oder Tod für Millionen von Menschen. Nach den beiden Hungerwintern 1916/17 und 1917/18 waren große Teile der Bevölkerung physisch und auch psychisch so geschwächt, daß sie einen dritten Hungerwinter nicht überstehen konnten.

Nach der Geschäftsverteilung im Rat der Volksbeauftragten war Ebert für die Bereiche Demobilisierung, Volksernährung und Sozialpolitik zwar nicht zuständig, sondern die beiden USPD-Politiker Dittmann und Barth, aber im Sinne der prinzipiellen Mitverantwortlichkeit jedes Volksbeauftragten für alle Bereiche der Politik und im Hinblick auf die eminente politische Bedeutung dieser Fragen für die Bevölkerung übte er auch in diesen Bereichen eine leitende und koordinierende, häufig aber auch in Detailentscheidungen hineinwirkende Tätigkeit aus. Besondere Schwierigkeiten bereitete den Volksbeauftragten die ausreichende Versorgung der Bevölkerung mit Lebensmitteln; denn hier konnten sie nicht allein und aus eigener Kraft eine Verbesserung der Situation herbeiführen, sondern waren auf Gedeih und Verderb dem Wohlwollen der allein lieferungsfähigen Alliierten unterworfen. Mit tiefer Verbitterung mußte Ebert aber konstatieren, daß der Waffenstillstand noch keine Erleichterungen mit sich brachte, sondern daß im Gegenteil die Probleme durch ihn noch verschärft wurden:

> „Man nimmt uns Verkehrsmaterial“, erklärte Ebert auf der Reichskonferenz, „das unerläßlich ist für die Aufrechterhaltung unserer Volksernährung, und hält gleichzeitig die Hungerblockade gegen uns aufrecht, der bereits Hunderttausende von Greisen, Frauen und Kindern zum Opfer gefallen sind.“

Seine Kritik an den Alliierten hat Ebert noch häufig öffentlich wiederholt, dazu bestimmten ihn nicht nur innenpolitisch-taktische Motive, sondern auch die Verbitterung über deren Poltik, die notwendig die republikanisch-demokratischen Kräfte im Reich schwächen mußte. Bei allen Beratungen im Kabinett mußte der Staatssekretär des Reichsernährungsamtes Wurm, der – von der USPD entsandt – auch nach dem Bruch der Koalition bis zum Amtsantritt des Kabinetts Scheidemann amtierte, stets feststellen, daß die Ernährungslage auch weiterhin katastrophal schlecht war, da sich die lieferungsfähigen Alliierten entweder nicht bereit zeigten, an Deutschland zu liefern, oder die dafür nötigen Finanzmittel in Form von Gold nicht aufgebracht werden konnten oder aber ständige Streiks im Ruhrgebiet und Oberschlesien dazu führten, daß die vorhandenen Lebensmittel wegen Kohlenmangels von den Bahnen nicht an ihre Bestimmungsorte transportiert werden konnten.

Soweit unter diesen Umständen die Verbesserung der Ernährungslage von der Regelung der Verhältnisse in Deutschland abhängig war, unter-

Die provisorische Reichsregierung nach dem Austritt der USPD aus dem Rat der Volksbeauftragten am 29. Dezember 1918. Von links nach rechts: Landsberg, Scheidemann, Noske, Ebert, Wissell (im Weimarer Schloß, Januar 1919).

stützte Ebert die Bemühungen der beteiligten Reichsressorts. Schon bald nach der Regierungsübernahme erging ein Aufruf an die ländliche Bevölkerung, den Ablieferungsverpflichtungen für Nahrungsmittel nachzukommen und die seit Einführung der staatlichen Zwangsbewirtschaftung gezeigte passive Resistenz aufzugeben. Wie wenig Erfolg solche Appelle in der radikalisierten politischen Atmosphäre hatten, zeigte sich freilich sehr bald. Vor allem die landwirtschaftlichen Organisationen, die politische Basis der Rechtsradikalen, dachten gar nicht daran, die Bemühungen Eberts zu unterstützen, sondern wollten das Chaos durch einen „Ernährungsstreik" verschärfen, um die Schwierigkeiten der neuen Regierung noch zu vergrößern. Und während Ebert in der auch von ihm gebilligten Aufstellung des Grenzschutzes im Osten im wesentlichen ein Instrumentarium zur Sicherung der Reichseinheit und der landwirtschaftlichen Überschußgebiete für die Volksernährung sah, sahen die diesen Grenzschutz hauptsächlich tragenden landwirtschaftlichen Organisationen in ihm nur ein Mittel zur Unterminierung der Wirtschafts- und Sozialpolitik der neuen Regierung. Aber auch von seiten der Arbeiterschaft entstanden der Volksernährung ständig neue Schwierigkeiten. Streiks bei den Eisenbahnen und in den Kohlenbergwerken ließen das komplizierte Verteilungssystem zeitweise völlig zusammenbrechen. Auf diesem Hintergrund gewinnen Eberts ständige Bemühungen und Appelle an die Arbeiterschaft, Ruhe und Ordnung aufrechtzuerhalten, erst die richtige Dimension. Sie waren eben nicht nur der Ruf nach „Ruhe und Ordnung" als Mittel zur Machtstabilisierung der eigenen Regierung und damit indirekt auch zur Erhaltung der überkommenen Herrschaftsstrukturen in der Wirtschaft, sondern in ihnen spiegelte sich auch die zutreffende Einsicht, daß die wirtschaftliche Leistungsfähigkeit als Voraussetzung für die Verwirklichung der sozialen Demokratie ohne ein Mindestmaß an „Ruhe und Ordnung" nicht wiedergewonnen werden konnte. Das hieß zunächst nichts anderes, als daß willkürliche Arbeitseinstellungen, die Unterbrechung laufender Produktionsprozesse oder dauernde Versammlungen in den Betrieben unterbleiben mußten; eine gewisse Disziplin am Arbeitsplatz mußte wiederhergestellt werden oder aufrechterhalten bleiben – und zwar völlig unabhängig von der Frage, wie das künftige Wirtschaftssystem aussehen würde. Auch sollte man sich darüber im klaren sein, daß der Ruf nach „Ruhe und Ordnung", der von den Industriellen und den Landwirten naturgemäß gerne aufgenommen und in den Ruf nach unveränderter Aufrechterhaltung der gegebenen Wirtschaftsordnung und der hierarchischen Betriebsstruktuen uminterpretiert wurde, eben auch bei vielen Arbeitern, Angestellten und Beamten als selbstverständlich angesehen wurde, denn Unruhe und Unordnung –

und die hieraus resultierenden psychischen Belastungen – hatten sie in den Kriegsjahren wahrlich reichlich erfahren. Und da sich Streiks und Massenversammlungen dann doch auf die großen Städte und Industriezentren konzentrierten, diese aber wiederum – bedingt durch die deutsche Presselandschaft – die öffentliche Wahrnehmung bestimmten, wurde sicher mehr Unruhe und Unordnung in den Revolutionsmonaten gesehen und diesem Umstand mehr Bedeutung für Versorgungsengpässe oder auch schlichten Hunger zugeschrieben, als dies den realen Gegebenheiten entsprach. „Ruhe und Ordnung", diese an sich so verständlichen Forderungen Eberts, konnten daher auch eine andere, nicht gemeinte Interpretation erhalten und der Abblockung jeder, auch der von Ebert für notwendig gehaltenen Änderungen der sozioökonomischen Rahmenbedingungen in Deutschland dienen.

Die „Magna Charta" des Sozialstaats

Die Sicherstellung der Volksernährung blieb aufgrund der geschilderten Umstände immer mehr ein Postulat, dessen Einlösung – jedenfalls kurzfristig – nicht gelingen konnte. Die grundlegende Neugestaltung der Sozialpolitik, die für die Weimarer Republik richtungsweisend war, allerdings konnte in Angriff genommen und durchgesetzt werden. In der Forschung ist der kompensatorische Charakter der Sozialpolitik sehr betont worden, etwa in der Weise, daß herausgestellt worden ist, in wie starkem Maße sozialpolitische Maßnahmen, einschließlich der Lohnerhöhungen, in den kritischen Monaten zwischen November 1918 und dem Spätherbst 1919 dazu dienten, Massenzustimmung für die Regierung zu sichern und zugleich die Frage der Sozialisierung damit zu vertagen – und im Ergebnis zu erledigen. Dieser Gesichtspunkt ist richtig, er verkennt aber, daß Ebert und seine Kollegen im Rat der Volksbeauftragten – und hier sind bei allen grundsätzlichen Meinungsunterschieden die Vertreter der USPD einzuschließen – ein genuines Interesse an der Verwirklichung der in einer langen Diskussion der Vorkriegszeit entstandenen sozialpolitischen Forderungen der Sozialdemokratie hatten. Mögen die bürgerlichen Parteien und die wirtschaftlichen Interessenverbände in sozialpolitischen Maßnahmen vor allem ein Kompensationsgeschäft für die Verhinderung der „sozialen Revolution" gesehen haben, für Ebert und große Mehrheiten von MSPD und USPD galt das eben nicht.

Die Diskussionen um die Sozialisierung der Wirtschaft, wie sie in weiten Kreisen der Bevölkerung und auch innerhalb des linken Flügels der MSPD sowie selbstverständlich von der Mehrheit der USPD und von der KPD gefordert wurde, sollen hier ebenso außer Betracht bleiben wie die von seiten der Bürokratie des Reichswirtschaftsamtes unter Führung von Unterstaatssekretär Wichard von Moellendorff vorgeschlagene „gemeinwirtschaftliche“ Organisation des Wirtschaftslebens. Nur soviel sei angedeutet: Ebert beharrte – ganz unabhängig von seinen eigenen inhaltlichen Präferenzen – darauf, daß diese Frage nur durch die verfassungsgebende Nationalversammlung, nicht aber durch irgendwelche geringer legitimierte Organe wie etwa den Zentralrat oder gar die Beschäftigten in einzelnen Betrieben zu entscheiden war. Natürlich implizierte dies – so die unausgesprochene Hoffnung bei Ebert – eine Absage an die Sozialisierung. Nun könnte es als „Wende“ in den politischen Überzeugungen interpretiert werden, daß Ebert dem Gedanken der „Sozialisierung“ so kühl gegenüberstand. Gegen eine solche Interpretation läßt sich anführen, daß schon in der Vorkriegszeit Aussagen zur Gestaltung der Wirtschaftsordnung bei Ebert eher phraseologisch geblieben waren: „Sozialisierung“ als Endziel, aber im praktischen Leben dann doch lieber konkrete Schritte zur Verbesserung der Arbeitsbedingungen, zur gesetzlichen Erfassung und Klärung von all jenen Fragen, bei denen die wirtschaftlich Schwachen, d. h. die Arbeiterschaft, sich nicht aus eigener Kraft helfen konnten. Insofern war „Sozialisierung“ vor dem Kriege für Ebert kein Thema mehr und konnte es in realistischer Abschätzung der Machtfrage auch nicht sein. Und in der Revolution war sie wiederum unter realistischer Abschätzung der Machtfrage – jetzt allerdings unter sehr veränderten Vorzeichen – für Ebert eher eine Gefahr. Und praktischerweise kam Ebert dabei zu Hilfe, daß selbst in den Bundesstaaten, in denen – wie z. B. in Bayern – die USPD den Regierungschef stellte, keinerlei Neigung bestand, die Sozialisierungsfrage etwa durch Berliner Organe wie den Zentralrat ohne eigene Mitwirkungsmöglichkeiten entscheiden zu lassen. Hinzu kam, daß „Sozialisierung“, was immer das für die Unternehmer und Arbeitnehmer in den Betrieben bedeuten würde, in vermögensrechtlicher Hinsicht in irgendeiner Form Übergang des Produktivvermögens in öffentlichen Besitz nach sich gezogen hätte – und dies schien Ebert nun im Blick auf die sicher zu erwartenden Reparationsforderungen keineswegs ein besonders erstrebenswertes Ziel, da dann zumindest die Gefahr eines direkten Durchgriffs seitens der Alliierten auf das deutsche Produktivvermögen bestanden hätte. Solche Überlegungen hatten ja selbst Lenin – bei ihm nicht so sehr mit Reparationsforderungen als vielmehr mit der russischen Verschuldung bei den Westalliierten begründet – zögern lassen, sofortigen Sozialisierungsmaßnahmen zuzustimmen.

Da darüber hinaus aber auch weite Kreise der bürgerlichen Parteien, mit denen Ebert unter allen Umständen die Koalitionsmöglichkeit offen halten wollte, eine sofortige Sozialisierung auch nur der Grundstoffindustrien als casus belli angesehen hätten, waren alle dahingehenden Überlegungen und auch die Vorschläge der Sozialisierungskommission, die ja gerade deswegen eingesetzt worden war, um die Angelegenheit dilatorisch behandeln zu können, nach dem Willen Eberts nichts mehr als unverbindliche Planspiele, während auf dem Gebiet der Sozialpolitik die Möglichkeiten zu konkreten und letzten Endes auch strukturverändernden Maßnahmen gegeben waren und auch voll ausgenutzt wurden. Allerdings läßt sich nicht übersehen, daß die Sozialisierungsfrage ganz unabhängig von ihren Realisierungschancen oder von den ökonomischen Wirkungen, die von der Überführung von Produktionsmitteln in Gemeineigentum ausgegangen wären, denn hierüber läßt sich nur schwer ein abschließendes Urteil fällen, eine im Denken der sozialdemokratischen Funktionäre und Anhänger zentrale Stellung einnahm. Die Enttäuschung über nicht erfüllte, aber jahrzehntelang von der Sozialdemokratie genährte Hoffnungen in dieser Frage trug dann auch mit zu dem Vertrauensverlust für die MSPD und zur Radikalisierung der USPD seit Frühjahr 1919 wesentlich bei.

Schon in dem programmatischen Aufruf an das deutsche Volk vom 12. November, der „Magna Charta“ der deutschen Revolution, hatten die Volksbeauftragten, die – und das verdient hervorgehoben zu werden – in sozialpolitischen Fragen trotz der verschiedenen politischen Grundauffassungen sehr eng zusammenarbeiteten, die entscheidenden Voraussetzungen für eine gründliche Neugestaltung und Fortentwicklung der staatlichen Sozialpolitik und des Verhältnisses zwischen den Arbeitnehmern und Arbeitgebern gelegt. Unter Gewährung der vollen Koalitionsfreiheit für alle Arbeitnehmer einschließlich der Beamten und der in Staatsbetrieben tätigen Arbeiter und der Landarbeiter setzten die Volksbeauftragten die bei Kriegsbeginn aufgehobenen Bestimmungen über den Arbeiterschutz wieder in Kraft, hoben das Vaterländische Hilfsdienstgesetz mit Ausnahme der darin vorgesehenen Schlichtungsbestimmungen auf, kündigten die Einführung des achtstündigen Maximalarbeitstages ab 1. Januar 1919 und die Erhöhung der Versicherungspflichtgrenze der Krankenversicherung an.

Bevor noch weitere staatliche Maßnahmen zur Fortentwicklung der Sozialpolitik erfolgen konnten, kamen die mehrheitssozialdemokratisch geführten Gewerkschaften den Volksbeauftragten mit einer flankierenden Maßnahme zu Hilfe. Sie schlossen mit den Arbeitgebern, die schon während des Krieges notgedrungen der Arbeiterschaft entgegengekommen waren und jetzt unter der Drohung staatlich reglementierender

Maßnahmen und der Sozialisierung noch eher zu weitgehenden Zugeständnissen bereit waren, den Vertrag über die Zentralarbeitsgemeinschaft ab. Hierin verpflichten sich die Arbeitgeber, die Gewerkschaften als „berufene Vertretung der Arbeiterschaft“ anzuerkennen, jede Unterstützung der „gelben“ wirtschaftsfriedlichen Gewerkvereine zu unterlassen, alle aus dem Krieg zurückkehrenden Arbeiter wieder einzustellen, kollektive Arbeitsverträge mit den Gewerkschaften abzuschließen, paritätische Schlichtungsausschüsse einzurichten, den achtstündigen Normalarbeitstag bei vollem Lohnausgleich durchzuführen und in allen Betrieben mit über 50 Arbeitnehmern einen Arbeiterausschuß (Betriebsrat) einzusetzen. Wenn auch manche Arbeitgeber sehr bald wieder versuchten, sich diesen Verpflichtungen zu entziehen, und den Zentralarbeitsgemeinschaftsvertrag zweifellos nur abgeschlossen hatten, um einer sehr viel schwerer aufhebbaren oder umgehbaren gesetzlichen Regelung vorzubeugen, so entwickelte dieser Vertrag dennoch eine eigene Schwerkraft. Denn wenn die Volksbeauftragten durch die Gesetzgebungsmaschinerie des Reiches in den folgenden Wochen rd. 130 Verordnungen mit Gesetzeskraft ergehen ließen, von denen viele nur noch eine inhaltlich präzisierte Kodifikation der Zentralarbeitsgemeinschaftsvereinbarungen darstellten, konnten sie fest darauf rechnen, in der gesamten Öffentlichkeit Zustimmung zu finden, da sie ja schließlich nur das rechtlich zu fixieren schienen, was die Arbeitgeber in freier Vereinbarung bereits zugestanden hatten. Aber auch jene Verordnungen wie die über die Einführung einer reichsrechtlich geregelten Erwerbslosenunterstützung, die über den Rahmen der auch vor dem Krieg üblichen Armenpflege hinausging und ausdrücklich der sozialdemokratischen Doktrin vom Grundrecht des Menschen auf Arbeit verpflichtet war, oder über die materielle Sicherung der Kriegshinterbliebenen und Kriegsbeschädigten waren damals in der öffentlich geäußerten Meinung unumstritten, ihre Durchführung schien nur die gemeinsame Überzeugung aller zu artikulieren. Erst sehr viel später erhob sich vehementer Widerspruch gegen die sozialstaatlichen Maßnahmen, als die bürgerlichen Parteien innerlich wieder gefestigt waren und die Arbeitgeber die Furcht vor Sozialisierungsmaßnahmen verloren hatten. Nun zeigte sich aber auch in der Verteidigung des sozialen Fortschritts, den diese Maßnahmen darstellten, daß Ebert eben nicht nur mit dem Strom geschwommen war, sondern daß seine und seiner Kollegen Initiative die treibende Kraft gewesen war.

Basis für allen staatlich verordneten sozialen Fortschritt, darüber war sich Ebert durchaus im klaren, konnten nur das „solidarische Zusammenwirken aller Arbeiter“ beim „Wiederaufbau der Wirtschaft“ und die Aufrechterhaltung der gefährdeten Reichseinheit sein. Es gehörte wahrlich Mut dazu, nach den ungeheuren physischen und psychischen Belastungen des Krieges von der Arbeiterschaft erneut Opfer zu verlangen, aber es gab nach Eberts Ansicht keinen anderen Weg, um die vollständige Desorganisation der Wirtschaft zu vermeiden. In einem eindringlichen Aufruf appellierten die Volksbeauftragten auf Vorschlag Eberts an die Arbeiter:

> „Arbeiter! In Eurer, nur in Eurer Hand liegt es, das Verhängnis abzuwenden. Ihr müßt unsere zusammengebrochene Wirtschaft wieder aufrichten. Ihr müßt dafür sorgen, daß uns Hunger und Bürgerkrieg erspart bleiben und das, was unweigerlich auf Bürgerkrieg folgt: die Verwüstung aller Errungenschaften der Revolution, Euerer Revolution. Ihr müßt arbeiten!
> Ihr müßt arbeiten! Der Sozialismus verlangt Arbeit, kann nur bestehen auf der Grundlage der Arbeit… An der Vernunft, an der sozialistischen Disziplin jedes einzelnen hängt das Dasein, die Freiheit, die Zukunft unserer sozialistischen Hoffnung.“

Ebert hat jedoch nicht etwa einseitig an die Opferbereitschaft der Arbeiter appelliert, den sozialen Fortschritt durch eigene Leistungen beim Wiederaufbau der Wirtschaft zu sichern, sondern er war sich darüber im klaren, daß die ungeheuren finanziellen Lasten, die die neue Sozialpolitik dem Staat zusätzlich zu den inneren und äußeren Kriegsfolgelasten aufbürdete, auch der finanzpolitischen Abdeckung bedurften. Aufbauend auf Vorschlägen des letzten kaiserlichen Schatzsekretärs, Graf v. Roedern, entwickelte der neue demokratische Schatzsekretär, Eugen Schiffer, ein Finanzprogramm, das durch Abschöpfung der Kriegsgewinne und durch erhebliche Verschärfung der einkommensbelastenden Steuern eine sozial ausgleichende staatliche Umverteilungspolitik finanziell ermöglichen sollte. In dieser staatlichen Finanzpolitik lag für Ebert das selbstverständliche Äquivalent für die an die Arbeiterschaft gestellten Forderungen.

Insgesamt hat die Regierung der Volksbeauftragten unter Eberts leitender und drängender Initiative mehr an sozialpolitischen, materiell greifbaren, die Lage der Arbeiterschaft verbessernden Leistungen hervorgebracht als sämtliche Regierungen der Weimarer Republik, ja, die

Verteidigung der Errungenschaften der Revolution war die eigentliche sozialpolitische Aufgabe der Sozialdemokratischen Partei während der folgenden Jahre. Daß ihr das schließlich nicht gelang, sondern vor allen Dingen im Jahr 1923 ein großer Rückschritt hingenommen werden mußte, lag neben vielen anderen, hier noch nicht zu erörternden Gründen auch an der durchgehend zu beobachtenden Unsicherheit der Partei in der Frage, ob der Koalition mit bürgerlichen Parteien und damit dem Kompromiß oder aber der Opposition und damit der Aufrechterhaltung der „Prinzipien" der Vorrang gegeben werden sollte. Dabei kann freilich nicht übersehen werden, daß die Kompromißbereitschaft der bürgerlichen Parteien sehr frühzeitig nachließ und an ihre Stelle die Propagierung einer bürgerlichen Einheitsfrontideologie mit deutlich antisozialdemokratischer Spitze trat.

Zitierte und weiterführende Literatur

Suda L. Bane u. Ralph H. Lutz, The Blockade of Germany after the Armistice 1918/1919, Stanford Cal. 1942.

Eduard Bernstein, Die deutsche Revolution, Bd. 1, Berlin 1921.

Wolfgang Elben, Das Problem der Kontinuität in der deutschen Revolution, Düsseldorf 1965.

Klaus Epstein, Matthias Erzberger und das Dilemma der deutschen Demokratie, Berlin 1962.

Karl Dietrich Erdmann, Die Zeit der Weltkriege, in: Bruno Gebhardt, Handbuch der deutschen Geschichte, Bd. 4, 9. völlig neubearb. Aufl. Stuttgart 1973 (auch Nachdruck bei dtv).

Theodor Eschenburg, Die improvisierte Demokratie. Gesammelte Aufsätze zur Weimarer Republik, München 1963.

Gerald D. Feldman, German Business between War and Revolution. The Origins of the Stinnes-Legien Agreement, in: Gerhard A. Ritter (Hrsg.), Entstehung und Wandel der modernen Gesellschaft. Festschrift für Hans Rosenberg, Berlin 1970.

Gerald D. Feldman, Carl-Ludwig Holtfrerich, Gerhard A. Ritter, Peter-Christian Witt (Hrsg.), Die deutsche Inflation. Eine Zwischenbilanz, Berlin–New York 1982.

Jens Flemming/Claus-Dieter Krohn/Dirk Stegmann/Peter-Christian Witt, Die Republik von Weimar, 2 Bde., Düsseldorf 1979.

Geschichte der deutschen Arbeiterbewegung, Bd. 3, Berlin (Ost) 1966.

Wilhelm Groener, Lebenserinnerungen. Jugend, Generalstab, Weltkrieg, Göttingen 1957.

Hans Herzfeld, Die Deutsche Sozialdemokratie und die Auflösung der nationalen Einheitsfront im Weltkriege, Leipzig 1928.

Ders., Die moderne Welt 1789–1945, Teil II: Weltmächte und Weltkriege, Braunschweig 1960.

Ulrich Kluge, Soldatenräte und Revolution. Studien zur Militärpolitik in Deutschland 1918/19, Göttingen 1975.

Eberhard Kolb, Die Arbeiterräte in der deutschen Innenpolitik 1918 bis 1919, Düsseldorf 1962.

Karl Liebknecht, Gesammelte Reden und Schriften, Bd. IX, Berlin (Ost) 1968.
Peter Lösche, Der Bolschewismus im Urteil der deutschen Sozialdemokratie 1903–1920, Berlin 1967.
Susanne Miller, Die Bürde der Macht. Die deutsche Sozialdemokratie 1918–1920, Düsseldorf 1978.
Merith Niehuss, Arbeiterschaft in Krieg und Inflation, Berlin–New York 1985.
Joachim Petzold, Die Dolchstoßlegende, Berlin (Ost) 1963.
Ludwig Preller, Sozialpolitik in der Weimarer Republik, 2. Aufl., Düsseldorf 1978.
Peter von Oertzen, Betriebsräte in der Novemberrevolution, Düsseldorf 1963.
Die Regierung der Volksbeauftragten 1918/19, hrsg. v. Susanne Miller, eingel. v. Erich Matthias, Düsseldorf 1969.
Gerhard A. Ritter, Die sozialistischen Parteien in Deutschland zwischen Kaiserreich und Republik, in: Werner Pöls (Hrsg.), Staat und Gesellschaft im politischen Wandel, Beiträge zur Geschichte der modernen Welt, Stuttgart 1979.
Arthur Rosenberg, Geschichte der Weimarer Republik, Frankfurt a. M. 1955.
Wolfgang Ruge, Deutschland von 1917 bis 1933, Berlin (Ost) 1967.
Hans Schieck, Der Kampf um die deutsche Wirtschaftspolitik nach dem Novemberumsturz 1918, Diss. phil. Heidelberg 1958.
Gerhard Schulz, Zwischen Demokratie und Diktatur, Bd. 1, Berlin 1963.
Friedrich Stampfer, Die ersten 14 Jahre der deutschen Republik, Offenbach 1947.
Walter Tormin, Zwischen Rätediktatur und sozialer Demokratie. Die Geschichte der Rätebewegung in der deutschen Revolution 1918/19, Düsseldorf 1954.
Heinrich August Winkler, Die Sozialdemokratie und die Revolution von 1918/19. Ein Rückblick nach 60 Jahren, Berlin–Bonn 1979.
Ders., Von der Revolution zur Stabilisierung. Arbeiter und Arbeiterbewegung in der Weimarer Republik 1918 bis 1924, Berlin/Bonn 1984.
Peter-Christian Witt, Finanzpolitik und sozialer Wandel in Krieg und Inflation, in: Hans Mommsen/Dietmar Petzina/Bernd Weisbrod (Hrsg.), Industrielles System und Politische Entwicklung in der Weimarer Republik, 2. Aufl., Düsseldorf 1977.
Ders., Bemerkungen zur Wirtschaftspolitik in der „Übergangswirtschaft“ 1918/19, in: Dirk Stegmann/Bernd-Jürgen Wendt/Peter-Christian Witt (Hrsg.), Industrielle Gesellschaft und politisches System. Festschrift für Fritz Fischer, Bonn 1978.
Zwischen Revolution und Kapp-Putsch. Militär und Innenpolitik 1918–1920, bearbeitet von Heinz Hürten, Düsseldorf 1977.

7. Reichspräsident 1919 bis 1925 – das Amt und die Aufgabe

Das Ergebnis der Wahlen zur Nationalversammlung: Zwang zur Koalition der Mitte

Aus den Wahlen zur Nationalversammlung am 19. Januar ging die MSPD als bei weitem stärkste Partei hervor. Die USPD hatte nur einen geringen Teil der sozialdemokratischen Wähler für sich gewinnen können und die neugegründete KPD hatte sich den Wahlen nicht gestellt. Dennoch war das Wahlergebnis in gewisser Hinsicht eine Niederlage für die Sozialdemokratische Partei; denn sie konnte nicht allein regieren und selbst ein neuerliches Bündnis mit der USPD hätte zur Mehrheitsbildung nicht ausgereicht.

Bisweilen ist in der Literatur die Auffassung vertreten worden, daß ein anderes Wahlrecht als das 1919 eingeführte Verhältniswahlsystem zu klareren parlamentarischen Mehrheiten in der Weimarer Republik beigetragen hätte, womöglich bei den Wahlen zur Nationalversammlung zu einer absoluten Mehrheit der Mandate für die MSPD hätte führen können. Bei solchen Spekulationen wird stets an das relative Mehrheitswahlrecht, wie es damals etwa in Großbritannien oder den USA bestand, gedacht. Dies ist freilich eine recht abwegige Vorstellung; denn das relative Mehrheitswahlrecht wäre aufgrund organisatorischer Probleme nur in den alten Reichstagswahlkreisen durchführbar gewesen, da eine Neueinteilung des Reichsgebiets in Wahlkreise innerhalb der kurzen Frist zwischen November 1918 und dem Wahltermin am 19. Januar 1919 einfach nicht durchführbar gewesen wäre. Damit aber wäre die Wahlkreiseinteilung von 1867 bzw. 1871 fortgeschrieben worden, obwohl gerade von sozialdemokratischer Seite im Kaiserreich immer die Wahlkreiseinteilung, die über Jahrzehnte hinweg nicht geändert worden war, als besonders „ungerecht“, weil benachteiligend, angesehen worden war. Um ein Beispiel zu nennen: Schon 1912 hatten die zwölf größten städtischen Wahlkreise, von denen bis auf einen alle Sozialdemokraten gewonnen hatten, mehr Einwohner als die 110 kleinsten Wahlkreise, die überwiegend von Kandidaten der beiden konservativen Parteien und des Zentrums gewonnen worden waren. Ein Wahlrecht, das in irgendeiner Form an das Wahlrecht des Kaiserreichs anknüpfte, war schon aus diesem Grunde diskreditiert und nicht mehr mehrheitsfähig. Für Ebert und seine Kollegen im Rat der Volksbeauftragten, die über das Wahlrecht entschieden, gab es eine realistische Alternative zum Verhältniswahlrecht jedenfalls nicht, und Hugo Preuß, der als Staatssekretär des Innern für die technische Ausgestaltung der Wahlrechtsverordnung verantwortlich war, hat niemals einen Zweifel daran gelassen, daß nur das Verhältniswahlrecht zur Debatte stand. Allerdings muß man sehen, daß das 1919 angewandte Verhältniswahlrecht, das eine Zuteilung von Mandaten nur in den 36 Großwahlkreisen, nicht aber einen Reststimmenausgleich über Wahlkreisverbände und eine Reichsliste kannte, in der Praxis eine verhältnismäßig hohe Sperrklausel für die Zuteilung von Mandaten enthielt, da in den Wahlkreisen ein Stimmenanteil zwischen 6 und 16 v. H. notwendig war, damit eine Partei überhaupt bei der Mandatsverteilung berücksichtigt wurde. Erst bei der Reichstagswahl 1920 wurde das Verhältniswahlrecht den „Gerechtigkeits"- und „Gleichheits"postulaten insofern perfektionistisch angepaßt, als jetzt praktisch jede Sperrklausel für die Zuteilung von Mandaten verschwand.

Das Wahlergebnis im Januar 1919 hatte die Folge, daß alle Parteien vor die Frage der Koalitionsbildung gestellt waren, wobei allerdings sowohl die DNVP als Nachfolgepartei der beiden konservativen Parteien als auch die DVP als Nachfolgerin des rechten Flügels der Nationalliberalen bei den übrigen Parteien und in dem eigenen Selbstverständnis als nicht koalitionsfähig galten. Innerhalb der sozialdemokratischen Nationalversammlungsfraktion kam es über die Frage, welche Koalition durch die Partei vorrangig angestrebt werden sollte, zu schweren Auseinandersetzungen. Während Ebert, nur legitimiert durch seine persönliche Autorität als Parteivorsitzender und Vorsitzender des Rates der Volksbeauftragten, mit den führenden Vertretern der DDP, Fischbeck, Naumann, Schiffer und Haußmann, bereits vor Einberufung der sozialdemokratischen Fraktion am 1. Februar in sondierenden Vorgesprächen die Bereitschaft seiner Partei zur Koalition mit der DDP und auch mit dem Zentrum erklärt hatte, kamen aus den Reihen der Fraktion mehrere Anträge, auch mit der USPD in konkrete Koalitionsverhandlungen einzutreten.

Doch zeigten die aus den Reihen der Fraktion formulierten Anträge, daß sich vielleicht mit Ausnahme einzelner Abgeordneter niemand ernsthaft Hoffnungen auf ihre Annahme durch die USPD machen konnte. Denn in ihnen wurde nichts weniger als die Aufgabe der „putschistischen Taktik" und der „Solidarität mit den Kommunisten" seitens der USPD verlangt. Enthielten diese Formulierungen schon eine für die USPD kaum akzeptierbare Unterstellung, so war in der damaligen Situation die weitergehende Forderung, die USPD solle als Basis der Koalitionsverhandlungen das von der MSPD für ihre Verhandlungen mit den bürgerlichen Mittelparteien formulierte Arbeitsprogramm anerkennen, für diese völlig unannehmbar. Die Anträge aus der MSPD-Fraktion bewiesen nur

einmal mehr, daß sie einerseits die Einheit der Parteien der Arbeiterklasse nicht an ihrer Haltung scheitern lassen, andererseits aber auch keine solchen Bedingungen formulieren wollte, die etwa für die USPD annehmbar gewesen wären, dann aber die zur Mehrheitsbildung notwendige Koalition mit den bürgerlichen Mittelparteien unmöglich gemacht hätten. Die MSPD hat in den ersten Jahren der Weimarer Republik noch häufiger diese Taktik angewandt, die tatsächlich dazu führte, sie bei den in Aussicht genommenen bürgerlichen Koalitionspartnern zu diskreditieren, andererseits aber nicht in der Lage war, die Spaltung der Arbeiterparteien aufzuheben, da die prinzipiellen Gegensätze – hier Verteidigung der parlamentarischen Demokratie, dort Ruf nach der Diktatur des Proletariats – eben unvereinbar waren. Es gab innerhalb der Mehrheitssozialdemokratie nur wenige, die dieser Demonstrationspolitik prinzipiell widersprachen. Zu ihnen gehörte auch der neugewählte Fraktionsvorsitzende Eduard David, der kategorisch die Übermittlung des Koalitionsangebots an die USPD ablehnte und sogar seinen Rücktritt anbot, falls die Fraktion auf ihrem Vorschlag beharrte. Zwar beschloß die MSPD-Fraktion noch, Löbe mit der Übermittlung zu betrauen, aber die USPD lehnte sofort ohne jede weiteren Verhandlungen ab, weil keine Garantie für eine nach „sozialistischen" Prinzipien handelnde Regierung gegeben sei.
Ebert hat in die teilweise erbittert geführten Diskussionen der Fraktion nicht eingegriffen, sondern sich beharrlich jeder Stellungnahme enthalten. Statt zu reden, hatte er die Entscheidung – ob man das in der Fraktion nun anerkannte oder nicht – jedoch längst durch seine Vorverhandlungen mit der DDP und dem Zentrum präjudiziert. Realistisch gesehen, gab es für die von ihm anvisierte Koalition auch gar keine praktikable Alternative: Denn sowohl für die neue Reichsverfassung wie für den kommenden Friedensvertrag mit seinen schweren politischen, finanziellen und psychologischen Belastungen war eine breite parlamentarische Mehrheit nötig, sollte das Reich nicht in den nächsten Monaten von einer Regierungskrise in die andere taumeln. Für das Sachprogramm der MSPD hatte diese Koalitionsentscheidung naturgemäß einschneidende Folgen. Wohl ließen sich in der damaligen Situation jene Punkte, in denen neben einer „tiefgreifenden Sozialpolitik" eine Vermögen und Einkommen scharf belastende Steuerpolitik gefordert wurde, auch beim Zentrum und bei der DDP noch verhältnismäßig leicht durchsetzen, da sich auch diese Parteien nicht der Erkenntnis verschlossen, daß zur Finanzierung der Kriegskosten und der Kriegsfolgelasten die Steuerschraube angezogen werden mußte. Aber die verbal erhobene Forderung nach „Sozialisierung" der Grundstoffindustrien kollidierte naturgemäß mit der von DDP und Zentrum vertretenen Formel vom „Schutz des Eigentums" und endlich

stand die laizistische Schul- und Kulturpolitik von MSPD und DDP in direktem Widerspruch zu den politischen Grundüberzeugungen des Zentrums. Feste Koalitionsabsprachen über das politische Sachprogramm sind zwischen den Parteien nicht getroffen worden, doch scheinen sowohl Ebert als auch die Verhandlungskommission der Fraktion der DDP und dem Zentrum hinsichtlich des Sachprogramms der Regierung Zusagen gemacht zu haben, die deren Bedenken ausräumten.

Präsident des „ganzen deutschen Volkes": Eberts Amtsverständnis

Die stärkste Belastungsprobe für die Koalitionsverhandlungen bildeten nicht programmatische, sondern Personalfragen. Die MSPD-Fraktion erhob nämlich aufgrund ihrer überragenden Stärke Anspruch auf die Posten des Reichspräsidenten, des Reichsministerpräsidenten und des Präsidenten der Nationalversammlung, während die Koalitionspartner wenigstens eines der drei höchsten Staatsämter mit einem bürgerlichen Politiker besetzen wollten. Eine Lösung der Krise konnte erst am 10. Februar gefunden werden, als sich David wohl auf Drängen Eberts bereit fand, sein Amt als Präsident der Nationalversammlung an den Zentrumspolitiker Fehrenbach abzutreten. Damit war der Weg zur Bildung einer Koalitionsregierung frei: Und am 11. Februar wurde Friedrich Ebert zum Reichspräsidenten gewählt.

Friedrich Ebert scheint von vornherein das Amt des Reichspräsidenten angestrebt zu haben, jedenfalls läßt sein Verhalten bei den Diskussionen innerhalb der MSPD-Fraktion und innerhalb der Vorstände von Partei und Fraktion kaum einen anderen Schluß zu. Ungeklärt war und ist jedoch die Frage, wieso sich Ebert, der in der damaligen Situation als unumstrittener Führer der Partei und als allgemein anerkannter „geschäftsführender" Vorsitzender des Rats der Volksbeauftragten zweifellos die Freiheit der Wahl besaß, gerade für dieses Amt und nicht für das Amt des Reichsministerpräsidenten entschieden hat. Die von Philipp Scheidemann überlieferte Version, Ebert habe das Amt mit der Begründung, ihm liege „das Repräsentative", gewählt, wird man kaum als ernsthafte Erklärung gelten lassen können, auch wenn Scheidemann sogleich hinzufügt, daß Ebert und er selber natürlich sehr unterschiedliche Vorstellungen von den Aufgaben des Reichspräsidenten hatten. Sicher ist, daß Ebert nicht eine nur „repräsentative" Rolle spielen wollte. Auf ihn trifft ebenfalls nicht jene fast topologisch gewordene Behauptung zu, daß Sozialdemokraten kein oder doch nur unzureichendes Machtbewußtsein besessen hätten. Tatsächlich konnte die geplante und in der

Eine kurz nach der Wahl zum Reichspräsidenten entstandene Aufnahme Eberts.

Notverfassung teilweise schon verwirklichte verfassungsrechtliche Ausgestaltung des Reichspräsidentenamtes auch sehr machtbewußte Politiker reizen; denn der Amtsinhaber besaß durch seine Volkswahl eine besondere, von zerbrechlichen parlamentarischen Mehrheitsbildungen nicht tangierbare Legitimation und hatte darüber hinaus entscheidenden Einfluß auf die Bildung der Regierung. Zudem hatte der erste Amtsinhaber auf die endgültige Gestaltung und auf die inhaltliche Ausfüllung der normativen Bestimmungen der Reichsverfassung naturgemäß großen Einfluß.

Andererseits konnte es jedoch keinen Zweifel daran geben, daß der Reichspräsident, so extensiv er seine Rolle auch auslegen würde, doch aus dem politischen Entscheidungszentrum abgedrängt war und eine mehr beratende, ausgleichende und überbrückende als eine politisch aktive, entscheidende Funktion ausüben mußte. Auch war Ebert nicht unbekannt, daß sich die sozialdemokratische Nationalversammlungsfraktion nicht darauf einlassen würde, aus dem Reichspräsidenten einen Ersatzkaiser zu machen. Wenn Ebert dennoch das Amt des Reichspräsidenten für sich in Anspruch nahm, so werden dafür – mangels direkter eigener Zeugnisse kann nur aus seiner tatsächlichen Amtsführung rückgeschlossen werden – folgende Gründe maßgebend gewesen sein: Einmal wollte Ebert den grundlegenden Verfassungswandel auch nach außen dadurch dokumentieren, daß ein Sozialdemokrat das höchste Amt der neuen sozialen und demokratischen Republik verwaltete, zum anderen sah er wohl die Chance, als Reichspräsident für eine dauernde Regierungsbeteiligung der Sozialdemokratie zu sorgen und die auseinanderstrebenden Tendenzen der innerlich doch sehr heterogenen Koalition zwischen MSPD, Zentrum und DDP kraft seiner persönlichen Autorität immer von neuem zusammenzuzwingen. Ob Ebert auf die Dankbarkeit und Loyalität der bürgerlichen Koalitionspartner, denen er durch seine Entscheidungen während der Revolutionszeit die Chance zur gestaltenden Mitwirkung am politischen Entscheidungsprozeß gegen mannigfache Widerstände auch aus der eigenen Partei offengehalten hatte, rechnete oder mit ihr rechnen durfte, ist freilich eine ganz andere Frage; doch hatte Ebert sich persönlich bei vielen führenden Politikern im Zentrum, in der DDP und auch in der DVP soviel Vertrauenskapital erworben, daß auch ihm ein Erfolg des Versuchs, das Integrationspotential des Reichspräsidentenamtes für den Erhalt und den Ausbau der sozialen Demokratie einzusetzen, nicht unwahrscheinlich erscheinen mußte.

Manches von diesen Überlegungen spiegelt sich auch in Eberts Rede nach seiner Wahl zum Reichspräsidenten wider. Der Reichspräsident als Wahrer der Einheit der Nation, als Schützer des Rechts und der inneren und äußeren Sicherheit und als Vertreter des gesamten Volkes und nicht einer Partei, das war der Grundtenor seiner Rede und das Programm für seine Amtsführung:

„Der Ruf, den Sie soeben an mich richteten, ist ein Ruf zur Pflicht. Ich folge ihm in dem Bewußtsein, daß heute mehr denn jemals jeder Deutsche auf dem Platz, auf den er gestellt wird, seine Schuldigkeit zu tun hat. Mit allen meinen Kräften werde ich mich bemühen, mein Amt gerecht und unparteilich zu führen, niemand zuliebe und niemand zuleide. Ich gelobe, daß ich die Verfassung der Deutschen Republik getreulich beachten und schützen werde. Ich will und werde als der Beauftragte des ganzen deutschen Volkes handeln, nicht als Vormann einer einzigen Partei.
Ich bekenne aber auch, daß ich ein Sohn des Arbeiterstandes bin, aufgewachsen in der Gedankenwelt des Sozialismus, und daß ich weder meinen Ursprung noch meine Überzeugung jemals zu verleugnen gesonnen bin. Indem Sie das höchste Amt des deutschen Freistaates mir anvertrauen, haben Sie – ich weiß es – keine einseitige Parteiherrschaft aufrichten wollen. Sie haben aber damit den ungeheuren Wandel anerkannt, der sich in unserem Staatswesen vollzogen hat, und zugleich auch die gewaltige Bedeutung der Arbeiterklasse für die Aufgaben der Zukunft. Die ganze wirtschaftliche Entwicklung läßt sich darstellen als eine fortwährende Verringerung und Abtragung der Vorrechte der Geburt. Jetzt hat das deutsche Volk dieses Vorrecht auf dem Gebiet der Politik restlos beseitigt. Und auch auf sozialem Gebiet vollzieht sich diese Wandlung. Auch hier werden wir bestrebt sein müssen, allen, im Rahmen des menschlich Möglichen, den gleichen Ausgangspunkt zu geben und das gleiche Gepäck aufzuladen.
Mögen wir um die Formen ringen, in denen sich dieses Recht durchführen läßt; das Streben nach dieser höchsten menschlichen Gerechtigkeit wird uns allen innewohnen.
Freiheit und Recht sind Zwillingsschwestern. Die Freiheit kann sich nur in fester staatlicher Ordnung gestalten. Sie zu schützen und wiederherzustellen, wo sie angetastet wird, das ist das erste Gebot derer, die die Freiheit lieben. Jede Gewaltherrschaft, von wem sie auch komme, werden wir bekämpfen bis zum Äußersten.
Dem Gewaltprinzip zwischen den Völkern haben wir feierlich abgesagt; auch dort wollen wir, daß das Recht und die Freiheit zur Geltung komme. Niemand soll in den Verband der Deutschen Republik gezwungen werden, aber es soll auch niemand mit Gewalt von ihr getrennt werden, den es zu ihr zieht und drängt.

> Nur auf das freie Selbstbestimmungsrecht wollen wir unseren Staat gründen, nach innen und nach außen. Wir können aber um des Rechtes willen nicht dulden, daß man unseren Brüdern die Freiheit der Wahl raubt. Die Freiheit aller Deutschen zu schützen mit dem äußersten Gebot von Kraft und Hingabe, dessen ich fähig bin, das ist der Schwur, den ich in dieser Stunde in die Hände der Nationalversammlung lege."

An dieser Inaugurationsrede Eberts fällt allerdings auch der stark nationale Ton auf. Deutlich verwies die Anspielung auf das Selbstbestimmungsrecht der Völker auf den Wunsch Eberts, Deutsch-Österreich mit der deutschen Republik zu vereinigen, und ebenso deutlich war die Ablehnung jeder Abtrennung von Gebieten mit nationalen Minderheiten aus dem Reichsverband. Doch stellten Eberts Äußerungen im Grunde nichts Exzeptionelles dar, sondern sie spiegelten nur die gerade in sozialdemokratischen Kreisen vorherrschende Illusion wider, die Neuordnung Europas nach dem Weltkrieg werde tatsächlich auf der Basis des Selbstbestimmungsrechts der Völker erfolgen, und die ehemaligen Feinde Deutschlands würden bei der Formulierung der Friedensbedingungen die grundlegende verfassungspolitische Wandlung in Deutschland in Rechnung stellen.

Ebert wollte Präsident des ganzen Volkes sein; dies nun war auch ein politisches Programm, dessen Selbstverständlichkeit nur demjenigen überflüssig erscheinen kann, der sich nicht vergegenwärtigt, daß Spaltung der Nation, bewußte Diskriminierung eines Teiles der Bevölkerung als sogenannte „Reichsfeinde" – und das waren neben den dauernd verfemten Sozialdemokraten je nach aktuellen politischen Erfordernissen auch die deutschen Katholiken, die Welfen und die ethnischen Minoritäten gewesen – eines der hervorstechendsten Merkmale der Politik der herrschenden Schichten im Kaiserreich und des letzten Kaisers, Wilhelm II., persönlich gewesen war. Sich bewußt von solchen Vorstellungen abzusetzen und sich zur Wahrung der Interessen aller Deutschen zu bekennen, bedeutete den entschiedenen Bruch mit einer unseligen Vergangenheit und ein versöhnendes Angebot für die Zukunft.

Nicht „Ersatzkaiser", sondern informierter Ratgeber: Grundlinien Ebertscher Amtsführung

Die Gestaltung des Amtes und der Aufgaben des Reichspräsidenten in der Weimarer Verfassungsordnung ist bei Zeitgenossen wie in der Historiographie umstritten gewesen. Keine Verfassung kann (oder soll auch nur) im Moment der Entstehung eindeutig festlegen, welche Gestalt ein Verfassungsorgan in concreto erhält. Einen Ersatzkaiser wünschten sich vielleicht viele, wenn gewiß auch nicht einen so redseligen, reiselustigen, prunkliebenden und arbeitsscheuen wie Wilhelm II.; ein Gegengewicht zum „reinen" Parlamentarismus wünschten sich mit hoher Wahrscheinlichkeit noch mehr Menschen – und zu ihnen gehörten auch viele der Verfassungsväter; einen Repräsentanten des „neuen" Deutschland in der Gestalt des Reichspräsidenten zu erhalten, das war weit über Parteigrenzen hinweg die Wunschvorstellung vieler Deutscher. Volkswahl, Entscheidung über die Person des jeweiligen Reichskanzlers, Oberbefehl über die bewaffneten Streitkräfte, außerordentliche Vollmachten für Zeiten der Not oder der Unfähigkeit des Reichstags zur Bildung einer handlungsfähigen Regierung – beides mußte ja nicht zusammenfallen –, das waren die wesentlichen verfassungsrechtlichen Prärogativen des Reichspräsidenten. Aber, und das muß immer wieder betont werden, diese setzten nur einen durch den Amtsinhaber auszufüllenden Rahmen: Die Gestaltungskraft ebenso wie die Bereitschaft, einer uferlosen Auslegung vorhandener Prärogativen von vornherein durch Selbstbescheidung entgegenzutreten, und damit dem neuen Regierungssystem, das nach dem Willen der überwiegenden Mehrheit der Nationalversammlung eben ein parlamentarisches und nicht ein präsidentielles sein sollte, erst eine Chance zur Einübung und allmählichen Verfestigung zu geben, das war die eine große Aufgabe des ersten Reichspräsidenten, dessen Vorbild für folgende Amtsinhaber Prägekraft haben konnte. Ergab sich nämlich die Herausbildung eines angemessenen Amtsverständnisses, konnte der Reichspräsident als Verfassungsorgan eine für Stabilität und Balance des Regierungssystems wegweisende Rolle spielen.

Die andere Aufgabe – mit der erstgenannten natürlich zusammenhängend – bestand in der Entwicklung eines eigenen Amtsstils. Die Traditionen des höfischen Zeremoniells oder der kaiserlichen Geheimkabinette, über die bis zum November 1918 der Kaiser seinen allgemein- und personalpolitischen Einfluß im wesentlichen ausgeübt hatte, konnten ebensowenig fortgeführt werden wie etwa die „unverantwortlichen" Redereien des letzten Kaisers. Was nicht ging und dem Naturell eines Friedrich Ebert auch zutiefst zuwider war, läßt sich noch verhältnismäßig leicht bestimmen; schwieriger war es schon, auf der Folie dieser unerwünschten Vergangenheit – an der aber unvermeidlich jeder Reichspräsident im Positiven wie im Negativen gemessen werden würde – eine auch für ein demokratisches Staatswesen notwendige würdige Form der Amtsführung, einen überzeugenden Amtsstil, zu entwickeln. Wie sollte der Reichspräsident die Republik repräsentieren und wie seine beratende und ausgleichende Funktion in der Verfassungsordnung wahrnehmen? Eberts Antwort darauf war: wenig Repräsentation, viel Arbeit. Er verzichtete bewußt auf dauernde Wahrnehmung von rein repräsentativen Aufgaben und konzentrierte sich darauf, ein informierter Reichspräsident zu sein und zu bleiben.

Um diese Aufgabe wahrnehmen zu können, bedurfte Ebert nach seiner Überzeugung eines eigenen bürokratischen Apparates. Und hierüber kam es sofort mit dem neuen Reichsministerpräsidenten Scheidemann zu einem schweren Konflikt, der neben tiefergehenden persönlichen Gegensätzen auch Ausdruck divergierender Auffassungen über die Stellung des Reichspräsidenten innerhalb des parlamentarischen Systems des Reiches war. Sowohl Scheidemann wie auch die sozialdemokratische Fraktion weigerten sich, dem Reichspräsidenten einen Apparat zur Verfügung zu stellen, der es ihm ermöglichte, sich allseitig zu informieren und damit seiner in normalen Zeiten wichtigsten Aufgabe nachzukommen, zuratend oder abratend im politischen Entscheidungsprozeß mitzuwirken. Auch wer die politische Gewichtsverteilung zwischen Reichspräsident und Regierungschef für einen irreparablen Fehler in der Reichsverfassung und für die politische Entwicklung in der Weimarer Republik verhängnisvoll hält, wird doch die Begründung, mit der die SPD-Fraktion dem Reichspräsidenten Ebert den Ausbau seines technischen Apparates verweigerte, kaum als vernünftig ansehen können. „Man wolle der Gefahr einer Nebenregierung vorbeugen, die in diesem besonderen Reichspräsidentenbureau begründet liegt, sobald dieses Amt einmal in die Hände anderer Parteien übergehe.“ Diese übergroße Ängstlichkeit, ja das mangelnde Vertrauen in die eigene Leistungsfähigkeit, das sich hier beispielhaft in einem Affront gegen Ebert manifestierte, war sozusagen die psychologische Voraussetzung für die vielen Niederlagen, die die Sozialdemokratie in der Weimarer Republik hinnehmen mußte.

Auf jeden Fall führte die Haltung seiner eigenen Partei dazu, daß Ebert zunächst mit unzulänglicher technischer Unterstützung arbeiten mußte; bezeichnenderweise war es die erste rein bürgerliche Regierung, die ihm 1920 eine seinen Aufgaben angemessene personelle und sächliche Ausstattung seines Büros bewilligte. Dieses wurde bis zum Frühjahr 1920 nacheinander von den vom Auswärtigen Amt abgestellten Gesandten

Nadolny und Riezler und danach von Otto Meissner, bis Ende 1923 mit dem Rang eines Ministerialdirektors und seit 1924 mit dem Rang eines Staatssekretärs beim Reichspräsidenten, geleitet.

Von Anfang an war umfassende Information über alle Bereiche der Reichspolitik das oberste Ziel Eberts, der sehr wohl begriffen hatte, daß alle Machtfülle seines Amtes und alle Möglichkeiten zur konkreten Einflußnahme auf den politischen Entscheidungsprozeß verantwortungsvoll nur dann genutzt werden konnten, wenn der Reichspräsident über alle Entwicklungen stets auf dem laufenden war und selber hart an den Akten arbeitete. Kennzeichnenderweise ordnete Ebert in einem seiner ersten Erlasse am 19. Februar 1919 die Erstellung der sogenannten „Wirtschaftsberichte" durch das Reichswirtschaftsministerium an, mit deren Hilfe er sich nicht nur global, sondern aufgeschlüsselt nach einzelnen Industriezweigen und nach regionalen Gesichtspunkten über die Auftragslage, die Ausnutzung der Kapazität, Beschäftigungszahl, Löhne und Gehälter und über die voraussichtliche Entwicklung in den folgenden Monaten unterrichtete. Eberts besonderes Interesse galt naturgemäß auch der Lage der Arbeiterschaft; er informierte sich gründlich über deren soziale und wirtschaftliche Belange, ob es sich nun um so allgemeine Fragen wie Arbeitskämpfe, den Ausbau der Sozialversicherung und der Arbeitslosenunterstützung oder um spezielle arbeitsrechtliche Probleme wie die Frage einer besonderen Arbeitsgerichtsbarkeit handelte, und versuchte dann aufgrund seiner Kenntnisse der Sachlage, beratend und vermittelnd in die Auseinandersetzungen zwischen den Tarifvertragsparteien, der Regierung und den sie stützenden Parteien und der Opposition einzugreifen. Da seine verfassungsmäßigen Rechte in diesen Bereichen beschränkt waren, selbst wenn er das exzeptionelle Mittel des Artikels 48 bisweilen auch zur Lösung wirtschaftspolitischer Streitfragen einsetzte, und da darüber hinaus alles von der Bereitschaft der Kontrahenten abhing, seine Vermittlung in Anspruch zu nehmen, blieb ihm häufig nur das Mittel des moralischen, politisch aber niemanden verpflichtenden Appells.

Eher schon konnte Ebert mit konkreten Maßnahmen eingreifen, wenn es sich um regierungsinterne Entscheidungen handelte. So verdankte der Reichsfinanzminister seine aus den übrigen Reichsministern herausgehobene Stellung im wesentlichen dem persönlichen Eingreifen Eberts, ehe diese Maßnahme zwei Jahre später auch rechtlich durch die Reichshaushaltsordnung sanktioniert wurde. Naturgemäß zeigten sich aber auch hier die verhältnismäßig geringen Möglichkeiten des Reichspräsidenten, einzelne Sachentscheidungen in seinem Sinne zu beeinflussen, vor allem, wenn die Sozialdemokratische Partei nicht an der Regierung beteiligt war. Wenn sich z. B. Meissner Ende 1923 an den Reichsfinanzminister Luther wandte und im Auftrage Eberts empfahl, als ausgleichende Maßnahme für den Verlust einer Reihe von sozialen Vorteilen für die Arbeiterschaft nun mittels der Steuernotverordnungen die Besitzenden schärfer zu den Reichslasten heranzuziehen, so blieb dieses Schreiben nicht nur wochenlang unerledigt, sondern der Reichspräsident wurde auch mit einigen nichtssagenden Formulierungen abgespeist, während von seiten des Reichsfinanzministeriums genau das Gegenteil dessen geschah, was Ebert angeregt hatte.

Neben diesen Methoden zur Information und zur Beeinflussung innenpolitischer Entscheidungen suchte Ebert auch ständig den Kontakt mit dem Kabinett und mit einzelnen Ministern. An den offiziellen Kabinettssitzungen zu innenpolitischen Fragen nahm Ebert allerdings sehr selten teil, dafür scheint er jedoch häufig die Ressortminister vor wichtigen Entscheidungen empfangen und ihnen seine Vorstellungen vorgetragen zu haben. Wieweit freilich seine Einflußnahme auf diesem Wege ging und ob seine Vorstellungen von dem Kabinett übernommen wurden, diese Frage läßt sich nicht generell beantworten, doch scheint die Behauptung, Ebert sei z. B. im Kabinett Bauer zugleich auch noch Reichskanzler gewesen, maßlos übertrieben.

Verfassung, Mitwirkung bei den Personalentscheidungen und nicht zuletzt die Tatsache, daß die ausländischen Diplomaten bei ihm akkreditiert waren, eröffneten Ebert im Bereich der Außenpolitik insgesamt größere Mitwirkungsmöglichkeiten als im Bereich der Innenpolitik. Auch hier galt als oberste Devise für Ebert die gründliche Information aus allen zugänglichen Quellen, um seine Ratschläge und Empfehlungen auf einer vernünftigen Grundlage abgeben zu können. So empfing Ebert regelmäßig die Außenminister zum Vortrag, nahm an den Kabinettssitzungen teil, auf denen außenpolitische Grundsatzentscheidungen getroffen wurden, ließ sich sowohl die Berichte der deutschen Botschafter und Gesandten vorlegen, wie er sie auch bei Besuchen in Berlin zum Vortrag empfing, suchte das Gespräch mit den in Berlin akkreditierten Diplomaten und korrespondierte auch direkt mit einzelnen Politikern aus befreundeten Ländern. Solche Maßnahmen machten ihn gerade auf außenpolitischem Gebiet – ursprünglich ja eher der politische Bereich, auf dem er kaum Erfahrung besaß – zu einem der bestinformierten Politiker Deutschlands, aber es zeigte sich auch, daß die handelnden Politiker ihn bisweilen über wichtige Fragen zu spät oder gar nicht informierten und daß er an deren aktuellen Entscheidungen nichts zu ändern vermochte. Eine so grundsätzliche Frage, wie das Abkommen von Rapallo wurde,

Auf dem um 1920 entstandenen Foto von links nach rechts: Friedrich Ebert sen., Friedrich Ebert jun., Louise Ebert und Karl Ebert.

ohne ihn zu hören, entschieden, und er mußte sich dieser Entscheidung beugen, gegen die er nicht nur aus seiner antikommunistischen Haltung eingestellt war, sondern auch weil er erkannte, daß diese plötzliche Ostorientierung Deutschlands außenpolitischen Kredit schmälern mußte, ohne an der grundsätzlichen Abhängigkeit von den Westmächten wegen der Reparationsfrage etwas zu ändern. Die ganze Wahrheit über die deutsch-russischen Beziehungen blieb ihm noch vorenthalten, denn von der geheimen militärischen Aufrüstung Deutschlands mit Hilfe der Sowjetunion erfuhr er nichts.

Trotz aller Versuche, einer auf Ausgleich mit den ehemaligen Gegnern gerichteten Politik zum Durchbruch zu verhelfen, hat Ebert – und das prägte naturgemäß das politische Bewußtsein der Bürger stärker als alle hinter den verschlossenen Kabinettstüren vorgetragenen Vorschläge, Bedenken und Anregungen – nach außen immer die Außenpolitik der jeweiligen Regierung, auch wenn sie gegen seinen Rat handelte, unterstützt. Wann immer die deutsche Regierung, z. B. gegenüber der Reparationskommission, ihre Zahlungsunfähigkeit betonte, unterstützte Ebert sie oder widersprach ihr zumindest nicht, obwohl er – um nur das Beispiel der Erfüllung des Londoner Ultimatums herauszugreifen – keineswegs davon überzeugt war, daß die Regierung und vor allem die Industrie alle Möglichkeiten ausgeschöpft hatten, um den eingegangenen Verpflichtungen nachzukommen.

Gerade auf dem Gebiet der Außenpolitik dürfte dies die einzig mögliche, verfassungskonforme Haltung gewesen sein, wollte Ebert nicht eine Nebenregierung à la Wilhelm II. bilden. Die einheitliche Vertretung des Reiches nach außen, ungeachtet aller etwa bestehender Meinungsunterschiede von Reichspräsident und Reichsregierung, war für die Berechenbarkeit der deutschen Außenpolitik unabdingbar. Eine andere Frage ist, ob Ebert bei den internen Willensbildungsprozessen nicht energischer hätte auftreten können und seine häufig abweichenden Meinungen – schon im Interesse seines persönlichen Ansehens – nicht stärker hätte zur Geltung bringen müssen. Wie dies allerdings hätte geschehen können, ohne in die genannte außen- und verfassungspolitische Zwickmühle zu geraten, ist sehr schwierig vorstellbar. Nur eine abweichende Meinung zu Protokoll zu geben, sozusagen zur Erleichterung des eigenen Gewissens, das war einfach nicht Eberts Stil; und gegen eine Mehrheitsregierung, notfalls um den Preis einer Regierungskrise, als Staatsoberhaupt in einer politischen Einzelfrage seine eigene Meinung durchzusetzen, das entsprach nicht Eberts Amtsverständnis.

Um die Stärkung der politischen Mitte: Ebert als Symbol des demokratischen und sozialen Rechtsstaats

Mit großem Ernst und tiefem Pflichtbewußtsein hat Ebert seine Aufgabe, zugleich Symbol und Hüter der Einheit der Nation zu sein, wahrgenommen. Wann immer sich separatistische Bestrebungen am Rhein, in der Pfalz und in Bayern bemerkbar machten, wandte er sich mit großer Schärfe gegen alle Absplitterungstendenzen und ebenso energisch kämpfte er für den Verbleib Oberschlesiens beim Reich. Durch Besuche aller deutschen Bundesstaaten versuchte Ebert, das innere Zusammengehörigkeitsgefühl über das Trennende der politischen Anschauungen hinweg zu stärken. Daß diese Besuche durchaus nicht immer erfreulich waren, zeigte sich bei seinem Aufenthalt in München, als rechtsradikale Organisationen gegen ihn demonstrierten, aber auch bei solchen Gelegenheiten wie der Taufe des Dampfers „Karl Legien" in Whilhelmshaven, als er, der „Arbeiter"-Präsident, von Tausenden von Arbeitern empfangen wurde, ohne daß sich auch nur eine Hand zum Beifall rührte. Nur selten erfuhr Ebert bei solchen Gelegenheiten so etwas wie Anhänglichkeit und Treue, die ihm das Gefühl geben konnten, nicht nur einer als unausweichlich erkannten Pflicht nachkommen zu müssen.

Bei diesem Abriß über die Vorstellungen, die Ebert von seinen Aufgaben hatte, und bei den Hinweisen auf die Beschränkungen, die das Amt seinem Inhaber trotz einer offensichtlich präponderanten verfassungsrechtlichen Stellung auferlegte, konnte vieles nur ganz kurz angedeutet werden, manches mußte auch unerwähnt bleiben. Ziel dieser Überlegungen war es jedoch, folgende Problematik des Reichspräsidentenamtes zu verdeutlichen: Ebert, der Mann, dem man die „Liebe zum kleinsten Organisationsdetail" und zur „oft so unscheinbar anmutende(n) Kleinarbeit" bescheinigt hat, war trotz seiner Versuche, sich ständig über die kleinen Schritte des Gesetzgebungs- und Verwaltungsprozesses zu informieren, von einer wirklichen Mitwirkung an diesen konkreten Maßnahmen zunehmend ausgeschlossen; dagegen war seine Entscheidung in den großen Fragen, in den Krisen, in denen es um Sein oder Nichtsein der Republik ging, aufgerufen. Oder anders ausgedrückt: Ebert konnte durch seinen persönlichen Einsatz eher über das Geschick von Regierungen, ja über das Schicksal der Republik entscheiden als darüber, ob die Arbeitslosenunterstützung verbessert wurde oder nicht. Zweifellos hat Ebert am Anfang der Repbulik bis zur Bildung der ersten rein bürgerlichen Regierung 1920 auch größeren Einfluß auf einzelne Sachentscheidungen besessen, doch nahm dieser Einfluß im Laufe der Jahre immer stärker ab. Nun kann man natürlich anführen – und es ist nicht unwahrscheinlich, daß auch Ebert diesen Gedanken gehabt hat –, daß der Reichspräsident desto eher das unzweifelhaft vorhandene Integrationspotential oder – wenn man will – die „Würde" seines Amtes für den Erhalt des demokratischen und parlamentarischen Systems einsetzen konnte, je weniger er sich in Einzelfragen einmischte: d. h. je größer die Distanz von konkreten Auseinandersetzungen war, desto sicherer konnte ein Reichspräsident, der wie Ebert auch bei den bürgerlichen Parteien Ansehen und Vertrauen genoß, für den großen Rahmen, die parlamentarische Demokratie, einen Konsensus der politisch und gesellschaftlich relevanten Kräfte herbeiführen. Doch es wäre eine Täuschung zu glauben – und viele der oben angeführten Versuche Eberts zur Beeinflussung konkreter Sachentscheidungen weisen darauf hin, daß er dieser Täuschung nicht unterlegen ist –, daß sich der große Rahmen aufrechterhalten ließ, wenn er nicht mit konkreten Inhalten ausgefüllt wurde, die ihn für die Mehrheit der Bevölkerung verteidigenswert machten. Jener Rückkoppelungseffekt zwischen konkreten Maßnahmen wie, um nur ein Beispiel zu nennen, der sozialen Sicherheit der Bevölkerung und der erst daraus resultierenden Bereitschaft zur Verteidigung des demokratisch-parlamentarischen Systems war Ebert nicht unbekannt; daher verfolgte er offensichtlich und gegen Ende seiner Amtszeit immer stärker eine doppelgleisige Politik: Er selbst zog sich aus den konkreten tagespolitischen Streitfragen bewußt zurück, um seine Autorität und die Würde seines Amtes nur in Notfällen, dann aber mit der Chance auf allgemeine Zustimmung einzusetzen. Seiner Partei aber wies er die Aufgabe zu, in den Sachentscheidungen eine Politik durchzusetzen, die den Erhalt der Demokratie für die Mehrheit des Volkes erstrebenswert machte; deshalb hat er bei den Koalitionsbildungen ständig versucht, seine Partei selbst gegen deren Willen an der Regierung zu beteiligen.

Zitierte und weiterführende Literatur (vgl. a. die Angaben zu Kap. 6)

Akten der Reichskanzlei. Weimarer Republik, hrsg. v. Karl Dietrich Erdmann und Wolfgang Mommsen:

Das Kabinett Scheidemann, 13. Februar bis 20. Juni 1919, bearb. v. Hagen Schulze, Boppard/Rh. 1971.

Das Kabinett Bauer, 21. Juni 1919 bis 27. März 1920, bearb. v. Anton Golecki, Boppard/Rh. 1980.

Das Kabinett Müller I, 27. März bis 21. Juni 1920, bearb. v. Marin Vogt, Boppard/Rh. 1971.

Das Kabinett Fehrenbach, 25. Juni 1920 bis 4. Mai 1921, bearb. v. Peter Wulf, Boppard/Rh. 1972.

Die Kabinette Wirth I und II, 10. Mai 1921 bis 26. Oktober 1921, 26. Oktober 1921 bis 22. November 1922, bearb. v. Ingrid Schulze-Bidlingmaier, 2 Bde., Boppard/Rh. 1973.

Das Kabinett Cuno, 22. November 1922 bis 12. August 1923, bearb. v. Karl-Heinz Harbeck, Boppard/Rh. 1968.
Die Kabinette Stresemann I und II, 13. August bis 6. Oktober 1923, 6. Oktober bis 30. November 1923, bearb. v. Karl Dietrich Erdmann u. Martin Vogt, 2 Bde., Boppard/Rh. 1978.
Die Kabinette Marx I und II, 30. November 1923 bis 3. Juni 1924, 3. Juni 1924 bis 15. Januar 1925, bearb. v. Günter Abramowski, 2 Bde., Boppard/Rh. 1973.
Lothar Albertin, Liberalismus und Demokratie am Anfang der Weimarer Republik, Düsseldorf 1972.
Günter Arns, Regierungsbildung und Koalitionspolitik in der Weimarer Republik 1919 bis 1924, Diss. phil. Tübingen 1971.
Charlotte Berardt, Paul Levi, Frankfurt a. M. 1968.
Francis L. Carsten, Reichswehr und Politik 1918–1933, 2. Aufl. Köln–Berlin 1965.
Otto Gessler, Reichswehrpolitik in der Weimarer Zeit, Stuttgart 1958.
Ferdinand A. Hermens, Demokratie oder Anarchie? Untersuchung über die Verhältniswahl, Frankfurt a. M. 1951.
Claus-Dieter Krohn, Stabilisierung und ökonomische Interessen. Die Finanzpolitik des Deutschen Reiches 1923–1927, Düsseldorf 1974.
Rudolf Morsey, Die deutsche Zentrumspartei 1917–1923, Düsseldorf 1966.
Gustav Noske, Aufstieg und Niedergang der deutschen Sozialdemokratie, Zürich 1947.
Siegfried Schöne, Von der Reichskanzlei zum Bundeskanzleramt, Berlin 1968.
Stenographische Berichte über die Verhandlungen des Reichstags, Bd. 326, Berlin 1919.
Michael Stürmer, Koalition und Opposition in der Weimarer Republik 1924–1928, Düsseldorf 1967.
Peter-Christian Witt, Reichfinanzminister und Reichsfinanzverwaltung, in: Vierteljahreshefte für Zeitgeschichte 23 (1975), S. 1–61.

8. Bewährung in den Krisen der Republik

Um die Unterzeichnung des Versailler Vertrages

Die erste große Belastungsprobe, vor welche die deutsche Republik gestellt wurde, war zweifellos die Frage, ob man den Friedensvertrag von Versailles unterzeichnen sollte oder nicht. Dies war kein Problem, das allein mittels rationaler Überlegungen entschieden werden konnte, sondern hierbei traten zahllose irrationale Elemente hinzu. Einerseits enthielten die am 7. Mai in Versailles übergebenen Friedensbedingungen der Alliierten in finanzieller und wirtschaftlicher Hinsicht selbst bei einer geordneten Volkswirtschaft, bei voller Ausnutzungsmöglichkeit des Potentials an Arbeitskräften und Material und bei dem Willen zur Erfüllung der Bedingungen durch alle politisch und gesellschaftlich relevanten Kräfte in Deutschland objektiv kaum erfüllbare Forderungen, andererseits waren sie belastet mit zahllosen Bestimmungen, die mit einer rationalen Friedensordnung für Europa und auch mit der Restitutions- und Reparationspflicht Deutschlands für die zerstörten Gebiete Belgiens und Frankreichs wenig zu tun hatten. Erklärlich war dies nur durch die ebenfalls hochemotionalisierte politische Atmosphäre in Frankreich, Belgien und Großbritannien.

Nach Bekanntgabe der Friedensbedingungen am 8./9. Mai 1919 ging ein „Schrei der Empörung“ durch das ganze Land, es gab keine einzige politische Partei, die bereit gewesen wäre, unter diesen Friedensvertrag ihre Unterschrift zu setzen. Im Reichskabinett wurde unter Eberts Führung daher am 9. Mai beschlossen, die Protestbewegung gegen die Friedensbedingungen mit allen Mitteln propagandistisch zu stützen und in geordnete Bahnen zu lenken, um zu verhindern, daß sie von „konservativen und spartakistischen Kreisen“ für ihre Zwecke ausgenutzt wurde. Zugleich beschloß das Kabinett aber, in keinem Fall das Wort „unannehmbar“ für die Friedensbedingungen zu gebrauchen. In einem gemeinsamen Aufruf gaben Reichsregierung und Reichspräsident ihrer tiefen Erbitterung über die Deutschland auferlegten Friedensbedingungen Ausdruck:

> „Gewalt ohne Maß und Grenzen soll dem deutschen Volk angetan werden. Aus solchem aufgezwungenen Frieden müßte neuer Haß zwischen den Völkern und im Verlauf der Geschichte neues Morden erwachsen. Die Welt müßte jede Hoffnung auf einen die Völker befreienden und heilenden, den Frieden sichernden Völkerbund be-

graben. Zerstückelung und Zerreißung des deutschen Volkes, Auslieferung der deutschen Arbeiterschaft an den fremden Kapitalismus zu menschenunwürdiger Lohnsklaverei, dauernde Fesselung der jungen deutschen Republik durch den Imperialismus der Entente sind das Ziel dieses Gewaltfriedens."

Obwohl diese Stellungnahme schon in sehr scharfem Ton gehalten war, gab sie die Stimmung bei den politischen Parteien noch nicht korrekt wieder. In der sozialdemokratischen Fraktion, die in drei Sitzungen die Friedensbedingungen beraten hatte, stimmten nur fünf Abgeordnete für eine abwartende Stellungnahme. Aber auch sie waren der festen Überzeugung, daß die Friedensbedingungen unerfüllbar waren. Alle anderen Fraktionsmitglieder plädierten dafür, die Friedensbedingungen öffentlich für „unannehmbar" zu erklären, und beauftragten Hermann Müller-Franken mit der Abgabe einer entsprechenden Erklärung bei der Sitzung der Nationalversammlung am 12. Mai. Da die Fraktionen von DDP und Zentrum ebenfalls auf der Formulierung „unannehmbar" bestanden, entschloß sich auch das Kabinett gegen den Rat von Matthias Erzberger und der beiden sozialdemokratischen Minister Gustav Noske und Eduard David, diese Wendung in die Rede des Ministerpräsidenten Scheidemann eingehen zu lassen.

Daß auch Friedrich Ebert die Friedensbedingungen für unerfüllbar hielt, ist vielfach überliefert, schwieriger ist jedoch die Frage zu beantworten, ob auch er der schroffen Ablehnung, wie sie in den Resolutionen der Parteien und des Kabinetts zum Ausdruck gekommen war, voll zustimmte oder nicht. Denn belegt ist nur durch Scheidemann, daß Ebert sich für ein „unannehmbar" ausgesprochen haben soll. Wenn auch Ebert in seinen Erklärungen vom 9. Mai davon ausging, die Regierung „könne und werde diesen Frieden nicht unterschreiben", so hatte er doch jede endgültige Stellungnahme vermieden. Bei seiner Methode, politische Entscheidungen vorzubereiten, ist es auch unwahrscheinlich, daß er sich in so unmißverständlicher und unwiderruflicher Form festgelegt haben soll, ehe er Zeit zu gründlicher Prüfung der alliierten Forderungen gefunden hatte, ehe die Möglichkeiten zur Abänderung der Bedingungen im Verhandlungswege ausgelotet waren und ehe er alle maßgeblichen politischen und militärischen Stellen des Reiches gehört hatte.

Zwar ließ Ebert den amerikanischen Obersten Conger, mit dem Erzberger Verhandlungen zur Beeinflussung der amerikanischen Haltung auf der Friedenskonferenz angeknüpft hatte, wissen, daß man bei den Alliierten nicht zu sicher sein sollte, daß Deutschland, wenn die Friedensbedingungen nicht wesentlich gemildert würden, nicht doch den

Kampf wiederaufnehmen würde, und dem amerikanischen Major Henrotin gegenüber erklärte er sogar, „Amerika dürfe nicht erwarten, daß Deutschland im Hinblick auf die eventuellen Konsequenzen die jetzt festgesetzten Friedensbedingungen akzeptieren werde, sondern Amerika müsse sich darauf einrichten, daß es Deutschland nicht nur werde besetzen, sondern auch regieren müsse", doch waren diese Äußerungen letztlich nicht mehr als der mit höchstem verbalen Einsatz geführte Kampf um die Gunst Amerikas und einige fühlbare Erleichterungen im Friedensvertrag, der in dem endlosen Notenkrieg zwischen deutschen und alliierten Friedensdelegationen auch nicht ganz erfolglos blieb. Eine Chance zur Wiederaufnahme des Krieges bestand jedoch nicht. Generalleutnant Groener, der Erste Generalquartiermeister, hatte in seinem Lagevortrag am 19./20. Mai bereits nüchtern konstatiert:

> „Ich habe mich bei vielen Männern, deren Beruf es ist, über die Volksstimmung Bescheid zu wissen, über die Stellung des Volkes zu der Friedensakte erkundigen lassen. Sämtliche Befragten haben geantwortet, daß im Falle einer Volksabstimmung im gegenwärtigen Augenblick die Mehrzahl für Unterzeichnung der Friedensakte wäre."

Ob Ebert selbst zu den Männern gehört hat, deren Auffassung von der Stimmung im Volke General Groener hier wiedergab, ist nicht bekannt, doch kann bei den engen Beziehungen, die zwischen Ebert und Groener seit dem 10. November 1918 bestanden, kein Zweifel daran bestehen, daß Groener diese Beurteilung der psychologischen Situation des Volkes auch Ebert mitgeteilt hat.

Im gleichen Sinne informierte auch Erzberger den Reichspräsidenten. In einem großen Gutachten legte er dar, daß Deutschland den Frieden unterzeichnen müsse, ob es wolle oder nicht. Denn Unterzeichnung bedeute zwar außerordentlich harte wirtschafts- und finanzpolitische Konsequenzen und auch die Gefahr eines Putsches von rechts und der ständigen Diffamierung der unterzeichnenden Politiker, aber Nichtunterzeichnung werde Besetzung weiter Teile Deutschlands, die Wiederaufrichtung der gerade abgebauten Hungerblockade und damit den von einer deutschen Regierung mitverschuldeten Tod Hunterttausender von Bürgern, allgemeine Anarchie und letzten Endes den Auseinanderfall des Reiches zur Folge haben. Auf einer zwei Tage dauernden Beratung des Reichskabinetts und der preußischen Regierung in Anwesenheit Eberts am 3. und 4. Juni versuchte Erzberger, seine Lagebeurteilung zum Gemeingut von Reichs- und preußischer Regierung zu machen, da er befürchtete, daß Deutschland anderenfalls durch ein Ultimatum zur Unterzeichnung gezwungen werden würde. Doch traten dieser Auffassung nur Noske und David bei, während Ebert seine Entscheidung immer noch nicht getroffen hatte, obgleich ihm auch von dem Führer der dänischen Sozialdemokratie – übrigens mit der gleichen Begründung wie Erzberger – zur Unterzeichnung geraten worden war.

Trotz der zwingenden Argumentation Erzbergers und trotz der rational erkennbar aussichtslosen Situation Deutschlands, die eine Wiederaufnahme des Krieges nicht zuließ, zögerte Ebert auch jetzt noch, seine Stimme für die Unterzeichnung in die Waagschale zu werfen. Seine Stellungnahme kann nur dadurch erklärt werden, daß er im Falle einer bedingungslosen Unterzeichnung befürchtete, daß die Regierungskoalition, die bisher die überwiegende Mehrheit des Volkes repräsentiert hatte, auseinanderbrach und daß die Führung des Heeres, auf deren Loyalität er sich bisher, wenn auch unter mannigfachen Kautelen von seiten Groeners und Hindenburgs, prinzipiell hatte verlassen können, in die Reihen der Feinde der Republik abschwenkte. Auf Eberts Vorschlag hat Noske daher von der Obersten Heeresleitung eine klare Auskunft über die möglichen Alternativen zur Unterzeichnung verlangt. Wie schon bei seiner militärischen Lagebeurteilung vom 19./20. Mai blieb Groener nichts anderes übrig, als nüchtern mitzuteilen, daß Deutschland weder materiell noch psychologisch auch nur die elementarsten Voraussetzungen für eine erfolgreiche Wiederaufnahme des Krieges besaß. Daß Ebert ernsthaft diesen Schritt in Erwägung gezogen haben könnte, ist völlig unwahrscheinlich; vielmehr galten seine Anfragen an alle zivilen und militärischen Stellen des Reiches einzig einem Ziel: Er wollte keinen Gesichtspunkt unberücksichtigt lassen, ehe er sich zum Handeln entschloß. Wie bei Kriegsausbruch alle poltitisch relevanten Kräfte des Reiches, gleich ob sie die Politik, die zum Kriege geführt hatte, nun zu verantworten hatten oder nicht, in gewissem Umfang Mitverantwortung für das weitere Schicksal Deutschlands übernommen hatten, so sollte auch der Friedensschluß von einer möglichst breiten Mehrheit getragen werden.

Dieses Ziel ließ sich jedoch nicht erreichen; zuerst brach die DDP-Fraktion, in deren Reihen nur wenige Abgeordnete bereit waren, das Unvermeidliche mitzuvollziehen, aus der Koalition aus; denn trotz formeller Mitgliedschaft im Kabinett bis zum 20. Juni hatten die DDP-Minister schon im Mai klargemacht, daß sie dem Vertrag nur dann zustimmen würden, wenn erhebliche Verbesserungen für Deutschland erreicht werden könnten. Geradezu kritisch wurde die Lage, als sich die Mitglieder der Versailler Delegation in der entscheidenden Kabinettssitzung am 18. Juni einmütig für Ablehnung des Vertrages aussprachen. Denn bei der folgenden Abstimmung votierten sieben Minister für Unterzeichnung – es handelte sich um Erzberger, Bell und Giesberts vom

Zentrum und David, Noske, R. Schmidt und wahrscheinlich Bauer von der SPD – und sieben Minister gegen Unterzeichnung – es handelte sich um die DDP-Politiker Preuß, Gothein, Dernburg und Graf Brockdorff-Rantzau und Scheidemann, Landsberg und Wissell von der SPD. Damit war die Koalition praktisch beendet. Scheidemann erklärte am 20. Juni nach weiteren erfolglosen Einigungsversuchen im Kabinett, in Besprechungen zwischen Reichsregierung und Länderregierungen und in interfraktionellen Beratungen, die jeweils unter Eberts Vorsitz stattfanden, seinen Rücktritt. Bis zuletzt hat Ebert, der jetzt zur Unterzeichnung entschlossen war, versucht, diesen Schritt Scheidemanns zu verhindern, damit die kritische Situation für das Reich nicht noch durch eine Regierungskrise verschärft wurde, doch auch ein Appell Eberts an die SPD-Fraktion, sie solle auf Scheidemann einwirken, blieb ohne Erfolg. Vielmehr entschied die Fraktion:

> „Diese Einwirkung wird nach einer ausgiebigen Erörterung abgelehnt. Die Fraktion würdigt die Gründe, die Scheidemann zum Austritt veranlassen; sie fordert ihn deshalb nicht zum Verbleiben auf, sondern überläßt dies seinem eigenen Ermessen, spricht ihm aber ihr volles Vertrauen aus."

Schon einen Tag später kam unter dem bisherigen Reichsarbeitsminister Gustav Bauer, der sich auf Drängen Eberts bereit erklärt hatte, Reichsministerpräsident zu werden, eine Regierung nur aus SPD und Zentrum zustande, die nach einem letzten Versuch, die sogenannten „Schmachartikel" aus dem Vertragswerk zu entfernen, am 23. Juni von der Nationalversammlung mit großer Mehrheit zur Unterschriftsleistung autorisiert wurde. Wer auch immer in Deutschland gefragt worden war, ob er die Verantwortung für die Nichtunterzeichnung übernehmen wollte, hatte verneint, ja, als die Zentrumsfraktion am 23. Juni aufgrund von Mitteilungen Noskes über einen drohenden Militärputsch sich ebenfalls gegen die Unterzeichnung aussprechen wollte, haben die Rechtsparteien DNVP und DVP sogar das Zentrum bestürmt, für die Unterzeichnung zu stimmen, damit sie selber – und das war ein unglaublicher Zynismus und eine Feigheit der konservativen Kräfte im Reich, die in einem bemerkenswerten Widerspruch zu ihrer zur Schau gestellten „nationalen" Haltung stand – ihrer „nationalen" Pflicht gegen die Unterzeichnung zu stimmen, gefahrlos nachkommen konnten.

Aufnahme anläßlich des 50. Geburtstages, 4. Februar 1921.

Nach der Unterzeichnung: „Vertragserfüllung", „Arbeit", „Pflichttreue" – Eberts Appell an die Nation

Für die Politik Eberts läßt sich aus der Diskussion über die Frage der Unterzeichnung des Friedensvertrages folgendes ablesen: Erstens war er nicht bereit, sich von Augenblicksstimmungen leiten zu lassen, sondern er lotete zunächst alle Möglichkeiten zur Verbesserung der Bedingungen aus und befragte alle verantwortlichen zivilen und militärischen Stellen nach ihrer Meinung. Zweitens suchte er, möglichst große Teile der politisch und gesellschaftlich relevanten Kräfte – vertreten durch die politischen Parteien und durch die Oberste Heeresleitung – durch Mitbeteiligung an der Entscheidung auch mitverantwortlich zu machen. Dies war eine klare Fortsetzung jener Politik, die er bei seiner Regierungsbildung im November 1918 verfolgt hatte. Drittens wich Ebert der Verantwortung auch dann nicht aus, als die DDP mit ihrem Auszug aus dem Kabinett, die Oberste Heeresleitung unter Hindenburg und Groener durch ihren kurz nach der Unterzeichnung erfolgenden Rücktritt und endlich auch sein Parteifreund und ehemaliger Kollege als Volksbeauftragter, Philipp Scheidemann, den einfachen Weg des Rückzugs aus der Verantwortung wählten.

In seinen an Volk und Heer gerichteten Aufrufen sprach Ebert klar aus, welche Aufgaben sich nach der Unterzeichnung des Friedensvertrages für jeden ergaben, der sich mitverantwortlich für Deutschland fühlte:

> „Das erste Erfordernis ist: Vertragserfüllung... Das zweite Erfordernis ist: Arbeit... Das dritte Erfordernis heißt: Pflichttreue... Deutschland muß lebensfähig bleiben! Ohne innere Ordnung keine Arbeit! Ohne Arbeit keine Vertragserfüllung! Ohne Vertragserfüllung keinen Frieden, sondern Wiederaufnahme des Krieges! Wenn wir nicht alle mithelfen, ist die Unterschrift unter dem Vertrag wertlos. Dann kann es keine Erleichterungen, keine Revisionen und kein schließliches Abtragen der ungeheuren Lasten geben. Was heute an Tagen versäumt wird, kann unsere Kinder Jahre der Knechtschaft kosten. Schon heute müssen Volk und Regierung an die Arbeit gehen. Es darf keine Pause geben und kein Beiseitestehen. Es gibt nur einen Weg aus der Finsternis dieses Vertrages: Erhaltung von Reich und Volk durch Einigkeit und Arbeit."

Aus diesem Aufruf an das deutsche Volk geht hervor, daß Ebert eine Chance für die Wiederaufrichtung Deutschlands nur dann sah, wenn jeder mit der gleichen unbedingten Pflichttreue, die ihn selbst auszeichnete, auf seinem Posten verblieb und alle seine Kräfte für die Wiederankurbelung des Wirtschaftslebens einsetzte. Daß auch Ebert von der notwendigen „Revision“ des Vertrages sprach, ist nicht verwunderlich, denn von der Unerfüllbarkeit, besonders der wirtschaftlich-finanziellen Forderungen, waren alle am politischen Entscheidungsprozeß beteiligten Kräfte überzeugt, wichtiger war jedoch, daß er die Erfüllung der eingegangenen Vertragsverpflichtungen forderte und erst, wenn sich trotz äußerster Anstrengungen ihre Unerfüllbarkeit zeigen sollte, auf fühlbare Erleichterungen rechnete. Diese Stellungnahme unterscheidet seine Politik deutlich von der rechtsgerichteter Politiker und der Industrie, die mehr Anstrengungen darauf verwandten, die Unerfüllbarkeit des Friedensvertrages nachzuweisen, als darauf, Mittel und Wege zu suchen, um die Forderungen wenigstens annähernd zu erfüllen.

Friedensvertrag, soziale Unruhe und Putschgefahr

In der konkreten Situation des Sommers 1919 bedeutete der Friedensvertrag einen neuen schweren Schlag gegen das demokratisch-parlamentarische System in Deutschland. Denn zu den zahllosen Streiks und Aufstandsbewegungen, die von linksradikaler Seite entweder entfacht oder zumindest für ihre politischen Zwecke ausgenutzt worden waren und die die ohnehin geringe wirtschaftliche Leistungsfähigkeit Deutschlands nachhaltig beeinträchtigt hatten, wurde nun auch die Gefahr eines Putsches reaktionärer Kräfte akut. Träger dieser Bewegung waren anfangs nicht so sehr die Rechtsparteien, denn diese fühlten sich damals noch viel zu schwach, sondern vor allem die Armee, in der sich nach Abschluß des Versailler Vertrages und noch stärker nach dem am 1. Oktober erfolgten endgültigen Rücktritt Groeners Tendenzen breitmachten, gegen die rechtmäßige Reichsregierung einen Putsch zu unternehmen und eine diktatorische Reichsgewalt zu errichten, die sich auf die Armee stützen sollte. Ähnliche Überlegungen hatte auch Groener vor Abschluß des Friedensvertrages vertreten, allerdings hatte er ein von Ebert und Noske geleitetes Direktorium vorgeschlagen.

Da diese Diktaturpläne leitender Offiziere bekannt waren, sich außerdem auch die Übergriffe und Eigenmächtigkeiten der Armeeführung häuften und darüber hinaus im Zuge der Verringerung des Heeres alle loyalen und republikanischen Offiziere aus der Armee verdrängt wurden, wuchs innerhalb der Sozialdemokratischen Partei das Mißtrauen gegen die Armee. Diese Stimmung artikulierte sich im Reichstag und in der Presse nicht nur in Angriffen gegen die Armeeführung schlechthin, sondern schlug sich auch in scharfen Beschuldigungen gegen den sozialdemokratischen Reichswehrminister Noske und gegen den Reichspräsidenten nieder.

So problematisch die von Noske zu verantwortende Personalpolitik des Reichswehrministeriums auch war, so kann nicht außer acht gelassen werden, daß einmal die friedensvertraglichen Regelungen, d. h. die Errichtung eines Berufsheeres von 100000 Mann mit ganz eng begrenzten Möglichkeiten zur Auswechslung einmal eingestellter Mannschaften und Offiziere, eine negativ wirkende Vorbelastung darstellten, daß zum andern ja kaum republikanisch eingestellte Offiziere vorhanden waren und daß diejenigen Offiziere, die sich selber als republiktreu bezeichneten und als solche galten, es häufig nur vorübergehend und um der eigenen Karriere willen waren. Entscheidender war jedoch, daß die sozialdemokratische Reichstagsfraktion sich weder jenem Programm Eberts anschließen wollte, sich der Loyalität des Offizierskorps durch Berücksichtigung von dessen Interessen zu versichern und durch ruhige und gesicherte Rechtsverhältnisse im Innern dafür zu sorgen, daß aus diesem gegenseitigen Loyalitätsverhältnis nicht ein einseitiges Abhängigkeitsverhältnis der politischen Führung von der Armee entstand, noch diesem Konzept einen konstruktiven Vorschlag entgegenzusetzen hatte. Halbherzige Bekenntnisse zum Republikanischen Führerbund als Keimzelle eines demokratischen Offizierkorps, ständige Angriffe auf Noske – damit auch indirekt auf Ebert als verfassungsmäßigen obersten Befehlshaber – und undifferenzierte Beschuldigungen gegen das gesamte Offizierskorps in der sozialdemokratischen Presse bildeten aber keinen Ersatz für eine eigene Militärpolitik. Sie waren vielmehr nur geeignet, in einer Art von negativem Solidarisierungseffekt die antirepublikanische Stimmung im Offizierskorps noch zu verstärken. Damit soll gar nicht geleugnet werden, daß die Kritik der Sozialdemokratischen Partei, als deren Wortführer Philipp Scheidemann nach seinem Austritt aus der Regierung fungierte, in vielen Punkten berechtigt war und daß die Unzufriedenheit unter den eigenen Wählern auch wegen dieser Fragen ständig zunahm, doch muß man sich fragen, ob der verbale Radikalismus in der sozialdemokratischen Presse und in den Parteiversammlungen der richtige Weg war, um verlorengegangenes Vertrauen wiederzugewinnen. Nicht ganz zu Unrecht wies dann auch Noske auf der Parteiausschußsitzung vom 13. Dezember 1919 auf die inkonsequente Haltung innerhalb der Partei hin; denn einerseits hatte man sich im Januar 1919 geweigert, in der sozialdemokratischen Presse für den Eintritt von Sozialdemokraten in die neugebildeten Freikorps zu werben, andererseits hatten z. B. die sozialdemokratischen Organisationen in Ostpreußen dringend „um Hilfe gegen den Bolschewismus“ gebeten; „jetzt will man die Geister, die man damals gerufen hat, wieder loswerden", was selbstverständlich keineswegs so einfach sei, da diese Truppen entstanden seien aus „dem Vertrauensverhältnis zu dem Führer", und „dieser Freischärler- und Kondottieregeist ist nicht mit einem Schlage herauszukriegen". Man müsse also von seiten der Partei begreifen, daß eine Neuorganisation der Armee Zeit erfordere, und zugleich dafür Sorge tragen, daß nicht „in unseren Parteiblättern immer neue Angriffe gegen die Truppen stehen, niemals ein Wort des Lobes und der Anerkennung, und daß schließlich gar kein Verständnis dafür besteht, daß man sich auch jetzt der materiellen Lage der Truppe annehmen muß". Noch pointierter trug Noske diese Überlegungen zur Wehrpolitik auf der gemeinsamen Sitzung von Parteivorstand, Parteiausschuß und Parteiredakteuren am 27. Januar 1920 vor, auf der in Anwesenheit Eberts die Lage der Partei und die politischen Probleme im Reich beraten wurden. Wenn Noske, dem Ebert, wie aus einem Zwischenruf ersichtlich ist, voll zustimmte, wohl vornehmlich aus taktischen Gründen voller Optimismus erklärte, daß er trotz einer nicht gerade sehr ermutigenden Entwicklung innerhalb der Armee nicht an einen von ihr inszenierten Putsch glauben könne, so ließ er andererseits keinen Zweifel daran, daß nach seiner Überzeugung unter bestimmten Voraussetzungen auch eine Mehrheit der Bevölkerung sich für eine reaktionäre Umwälzung des bestehenden Staates erklären könnte. Mit Worten, die auch von Ebert selbst stammen könnten, erläuterte er die Lage:

> „Es ist richtig, daß wir auf politischem Gebiet eine rückläufige Bewegung konstatieren müssen, der Weizen der Rechtsparteien wird blühen und um so größer und lebhafter, je größer vorübergehend die Mitläuferzahl der Unabhängigen wird und solange ein ungeheures Maß von politischem und wirtschaftlichem Unverstand bei einer großen Zahl von Arbeitern zu konstatieren ist. Von dem Übermaß von Macht, das ihr wie im Traum zuteil geworden ist, hat die große Masse nicht verstanden, sofort den rechten Gebrauch zu machen. Eine Torheit ist deshalb in den letzten 13 Monaten der anderen gefolgt. Gewiß gibt es dafür eine Menge Entschuldigungen, übrig bleiben lediglich die Tatsachen, und diese führen dazu, daß eine immer mehr wachsende Zahl von Menschen im Lande sich wieder von uns und den Radikalen abwenden und sagen: *Regierungsform hin oder her und Freiheit hin oder her, Leben und Ordnung wollen wir im Lande haben. Und wenn wir als maßgebende Mitglieder der Regierung es nicht verstehen, dieses Maß von Ordnung und Lebensmöglichkeit dem Volke zu schaffen, wobei es wenigstens existieren kann, nach meiner Überzeugung lange schlechter als vor dem Kriege, dann, sage ich,*

bedeutet das, daß auf lange Zeit keine Möglichkeit besteht, maßgebenden Einfluß für unsere Partei auszuüben."

Zweifellos artikulierte Noske mit diesen Worten nur den legitimen Anspruch jeden Bürgers, in einer gesicherten Rechtsordnung leben und arbeiten zu dürfen, wie dies auch Ebert seit der Revolution in zahllosen öffentlichen Aufrufen und durch konkrete Maßnahmen zur inneren Befriedigung getan hatte. Denn die ständige Unsicherheit, hervorgerufen durch Streiks und Aufstände, durch provozierende Maßnahmen der Armee und der Freikorps und durch die Aufrechterhaltung des „Herr-im-Hause-Standpunktes" der Arbeitgeber, konnte die nicht „gewollte" Folge haben, daß der Schrei nach Recht und Gesetz übermächtig wurde und zur bedenkenlosen Hinwendung der Bevölkerung zur politischen Reaktion führte.

Der Kapp-Putsch

Für Ebert und Noske kam deshalb der Kapp-Putsch nicht überraschend, zumal auch der Staatskommissar für die Überwachung der öffentlichen Ordnung, v. Berger, bereits am 8. März in seinem geheimen Stimmungsbericht auf die Gärung innerhalb der Reichswehr hingewiesen hatte. Die schnelle Konkretisierung der innerhalb von Teilen der Reichswehr und den rechtsstehenden Parteien bestehenden Putschabsichten wurde ursächlich veranlaßt durch den Plan Noskes, die dem Chef des I. Reichswehrgruppenkommandos, General v. Lüttwitz, unterstehenden beiden Marinebrigaden Ehrhardt und Loewenfeld im Zuge der nach dem Friedensvertrag notwendigen Verkleinerung der Reichswehr vorrangig aufzulösen, da diese beiden Truppenteile von besonders reaktionären, antirepublikanischen Führern kommandiert wurden. Nach einer vergeblichen Intervention gegen die Auflösungspläne bei Noske versuchte Lüttwitz am 10. März von Ebert die Rücknahme der Befehle zu erhalten. Ebert lehnte dies ebenso ab wie alle weitergehenden politischen Forderungen nach Auflösung der Nationalversammlung, Ausschreibung von Reichstagswahlen und Neuwahl des Reichspräsidenten, die Lüttwitz offensichtlich in Übereinstimmung mit Kapp und basierend auf dem Programm von DNVP und DVP, die kurz zuvor ein Stillhalteabkommen für die kommenden Reichstagswahlen geschlossen hatten, vortrug.

Die ruhige, aber entschiedene Ablehnung aller politischen Pläne General v. Lüttwitz durch den Reichspräsidenten und die am folgenden Tage durch Noske verordnete Amtsenthebung des Generals und der Erlaß der Haftbefehle gegen Kapp und Hauptmann Pabst haben dann einen vorzeitigen Ausbruch des Putsches bewirkt. Nun zeigte sich aber auch, daß große Teile der Reichswehr nicht bereit waren, der Republik und ihrer rechtmäßigen Regierung loyal zu dienen. Lediglich General Reinhardt, der ehemalige preußische Kriegsminister, erklärte in der Nachtsitzung des Kabinetts am 12./13. März, die Reichswehrtruppen in Berlin sollten sich der meuternden Marinebrigade Ehrhardt, die von Döberitz her auf Berlin marschierte, entgegenstellen, während die übrigen anwesenden Offiziere sich unter Führung Seeckts in dem bevorstehenden Kampf zwischen Putschisten und der Regierung für „neutral" erklärten. Die Entscheidung der Generalität, die Aufrührer nicht mit Waffengewalt niederzuwerfen, entsprang wohl eher dem Gedanken, die Armee nicht in einem Bruderkampf zu zerfleischen und sie damit als Faktor im innenpolitischen Kampf auszuschalten, als der Absicht, sich an die Spitze des Putsches zu setzen und eine Militärdiktatur zu errichten; doch andererseits bewies die Armeeführung durch ihre Entscheidung nicht nur, daß sie nicht republikanisch war, was weder Ebert noch Noske angenommen hatten, sondern auch, daß sie die eingegangenen Loyalitätsbindungen nicht einzuhalten bereit war. Aus diesem Grunde wurde die Flucht der Regierung aus Berlin unvermeidlich, wollte sie nicht Gefahr laufen, von den Putschisten verhaftet und ausgeschaltet zu werden. Der ursprüngliche Plan, den Sitz der Regierung nach Dresden zu verlegen, mußte wegen der zwielichtigen Haltung des sächsischen Landeskommandanten aufgegeben werden; als neuer Regierungssitz wurde daher Stuttgart gewählt, wohin auch die Nationalversammlung einberufen wurde.

Die Illoyalität der Berliner Armeeführung und die schwankende Haltung großer Teile der Armee in Norddeutschland und Bayern erzwangen die Einsetzung aller politischen Mittel gegen den „in seiner Vorbereitung und Ausführung unzulänglichen, seinem Verlauf grotesken, seinem Ende kläglichen" Kapp-Putsch. Noch während der Nachtsitzung des Kabinetts am 12./13. März formulierte der Reichspressechef Ulrich Rauscher den gemeinsamen Aufruf des Reichspräsidenten, der sozialdemokratischen Regierungsmitglieder und des sozialdemokratischen Parteivorstandes zum Generalstreik gegen die Putschisten. Obgleich dieser Aufruf bei weitem nicht in allen Landesteilen und in allen Wirtschaftsbereichen befolgt wurde, legte er doch die wichtigsten Wirtschaftszweige lahm und sorgte für den schnellen Zusammenbruch des Putsches. Nach Beendigung des Putsches haben sich auch die sozialdemokratischen Mitglieder der Reichsregierung nicht zu diesem Aufruf bekannt, sondern die Verantwortung hierfür allein Rauscher zugeschoben, was jedoch zweifellos nicht den Tatsachen entsprach; denn ohne die Genehmigung durch Ebert und Reichskanzler Bauer dürfte Rauscher niemals einen so weitgehenden, politisch bedeutsamen Schritt getan haben. Die Gründe dafür, nach der erfolgreichen Niederwerfung des Putsches die „Vaterschaft" am Aufruf zum Generalstreik zu leugnen, sind jedoch einsichtig. Die Kommunisten hatten zunächst nach der Devise „Wir kämpfen nicht für die Regierung Ebert-Noske. Unsere Parole heißt, gegen die Reaktion, gegen die Verräter am Sozialismus, die Handlanger der Bourgeoisie, für die Diktatur des Proletariats" eine Unterstützung des Generalstreikaufrufs der Sozialdemokratie abgelehnt, eine Tatsache, die in den meisten Publikationen aus der DDR schamhaft verschwiegen oder mit gewundenen Formulierungen als „sektiererische Stellungnahme" entschuldigt wird, als sie jedoch sahen, daß die Arbeiterschaft dem Aufruf der SPD folgte, suchten sie vor allem im Ruhrgebiet, mit bewaffneten Aufständen den Weg frei zu machen für die „Diktatur des Proletariats". Zwar hatten diese Versuche niemals eine Realisierungschance, aber sie diskreditierten den Generalstreik, der tatsächlich entscheidend zur Rettung der Republik beigetragen hatte, und gaben den bürgerlichen Parteien, von denen nicht nur die DNVP, sondern auch die DVP mit den politischen Zielen des Putsches sympathisiert hatte, die Chance, von ihrem zwielichtigen Verhalten während des Putsches abzulenken. Im übrigen hatten auch eine ganze Reihe von Industriellen während des Putsches durchaus mit seinen Zielen sympathisiert und später die Erbitterung unter der Arbeiterschaft noch dadurch gesteigert, daß sie sich zunächst weigerten, die Generalstreiktage zu bezahlen.

Ein erfreuliches Symptom und für den schnellen Zusammenbruch des Putsches nicht weniger entscheidend als der Generalstreik war es jedoch, daß sich die Beamten des Reichs und Preußens in ihrer überwiegenden Mehrzahl der rechtmäßigen Regierung gegenüber loyal verhielten; die Unterstaatssekretäre der Reichsministerien veröffentlichten am 14. März folgenden Erlaß an die Beamtenschaft:

> „Die heute zu gemeinsamer Beratung versammelten Unterstaatssekretäre der Reichsministerien sind einstimmig entschlossen, ihre Ämter ausschließlich im Auftrage des verfassungsmäßig gebildeten Reichsministeriums und die laufenden Geschäfte nur im Rahmen des verfassungsmäßig beschlossenen Haushaltsplans zu führen. Sie können nach ihren verfassungsmäßig übernommenen Verpflichtungen Weisungen von niemand anderem als von den Mitgliedern des Reichsministeriums Bauer entgegennehmen."

Wohl hatten die meisten höheren Beamten sehr schnell erkannt, daß der Kapp-Putsch keine Erfolgschance besaß, es also ein Gebot der Klugheit war, sich ihm nicht anzuschließen, aber es waren nicht nur, ja nicht einmal vorwiegend solche opportunistischen Überlegungen für ihre Entscheidung maßgebend, sondern die Loyalität gegenüber dem Reichspräsidenten Friedrich Ebert, dessen verfassungsmäßige Rechte sie achteten, weil auch Friedrich Ebert ihnen trotz zumeist unterschiedlicher politischer Grundhaltung loyal und mit einem gewissen Vertrausensvorschuß entgegengetreten war. Insofern war das verfassungsmäßige Handeln der überwiegenden Mehrheit der Beamtenschaft ein Erfolg der Politik Friedrich Eberts.

Die Folgen des Kapp-Putsches oder wie ein Sieg zur Niederlage wird

Die eigentlichen Krise der Republik begann erst nach der erfolgreichen Niederschlagung des Aufstandes. Zunächst ging es dabei nur um die Person Noskes, dessen Rücktritt innerhalb der SPD mit allem Nachdruck von Scheidemann gefordert wurde; vor allem aber die Gewerkschaften und sogar ein Teil der hohen Beamtenschaft erhoben diese Forderung. Noske war persönlich bereit, die Konsequenzen aus dem Versagen der Reichswehr zu ziehen, und bot Ebert seinen Rücktritt an; Ebert jedoch wollte Noske nach Möglichkeit halten. Um diese Frage entspann sich ein Machtkampf innerhalb der Sozialdemokratie, den Otto Wels vor dem Parteiausschuß folgendermaßen schilderte:

> „Wir haben in der Parteileitung den Standpunkt vertreten, daß es uns, die wir Noske ja gewarnt haben, um Noske außerordentlich leid tut, daß wir die Persönlichkeit Noskes schätzen und achten, daß wir aber Noske nicht halten können um der Partei willen, selbst wenn er unentbehrlich wäre, weil er unmöglich ist, weil wir uns nicht denken können, daß ein Kriegsminister bestehen kann, der vor seinen eigenen Truppen davongelaufen ist, und weil wir ein brennendes Interesse daran haben, endlich die Verantwortung loszuwerden für jeden militärischen Übergriff, der immer gegen Noske ausgemünzt und immer der Partei zur Last gelegt wurde. Wir wollen befreit werden von dieser Last... und forderten deshalb seinen Rücktritt. Ebert erklärte uns darauf, dann gehe er selbst und setzte uns unter den denkbar stärksten Druck... Wir haben Ebert erklärt, wir hätten uns mit unserer Person verbürgt gegenüber den Gewerkschaften, dann würden wir also unsere Mandate niederlegen... Noske hat, als er Kenntnis davon erhielt, persönlich erklärt, daß sein Rücktritt unwiderruflich sei... Ebert hat die Drohung, daß er zurücktreten müsse, weil er verantwortlich für die Handlungen des Kriegsministers sei, nicht aufrechterhalten. So war der stärkste Druck entschwunden..."

Vergeblich hat Ebert versucht, unter Androhung seines Rücktritts Gustav Noske gegen den Widerstand der eigenen Partei zu halten. Dabei waren nicht nur persönliche Loyalität und sein Vertrauen in dessen Fähigkeit, gerade nach dem Fehlschlag des Militärputsches die Armee besser in die Hand zu bekommen, für sein Eintreten zugunsten Noskes maßgebend, sondern wohl vornehmlich die Tatsache, daß er die verfassungssprengenden Forderungen der Gewerkschaften ablehnte, die aufgrund ihres Einsatzes beim Kapp-Putsch nun bestimmenden Einfluß auf die Zusammensetzung der Reichsregierung und der preußischen Regierung sowie auf das sozial- und wirtschaftspolitische Gesetzgebungsprogramm verlangten. Wie Ebert solchen nicht mit der demokratischen Verfassung übereinstimmenden Forderungen von seiten der Industrie oder des Militärs entgegengetreten war, genauso mußte er jetzt – ungeachtet seiner politischen und persönlichen Bindungen zu den Gewerkschaften und ihren Repräsentanten – ihre Ansprüche zurückweisen. Als infolge des Druckes der sozialdemokratischen Fraktion, die nun auch das Ausscheiden des Vizekanzlers Schiffer forderte, der im Auftrag und mit Wissen der Regierung in Berlin geblieben war und dort Verhandlungen zur beschleunigten Beendigung des Putsches geführt hatte, eine Regierungsneubildung unumgänglich wurde, erklärte Ebert, er werde die Demission des Kabinetts annehmen, „vorausgesetzt, daß ihm Freiheit bei der Bildung eines Kabinetts gelassen würde“. Da das Kabinett dieser Bedingung zustimmte, konnte Ebert bereits einen Tag später, am 27. März, den bisherigen Außenminister Hermann Müller zum Reichskanzler ernennen. Zwar hatten die Gewerkschaften den Sturz Noskes und die Entfernung Schiffers aus der Regierung erreicht, doch ihr weitergehendes Ziel, entscheidenden Einfluß auf die Regierungsbildung zu gewinnen, war an dem hartnäckigen Widerstand Eberts gescheitert.

So verständlich das Drängen der SPD-Führung auf Ablösung Noskes war, da seine Person immer stärker zur negativen Symbolfigur im Kampf um die Gunst der Arbeiterschaft geworden war und die Partei wohl mit Recht fürchtete, sie würde gegenüber der USPD agitatorisch ins Hintertreffen geraten, so war diese Entscheidung dennoch ein schwerwiegender Fehler. Denn wenn überhaupt ein Sozialdemokrat in der Lage gewesen wäre, die Reichswehr jetzt wieder fester in den Griff zu bekommen, war es Noske. Die weitaus fatalere Folge dieser Entscheidung war freilich, daß sich danach kein Sozialdemokrat mehr bereit fand, das Reichswehrministerium zu übernehmen. So gab die Sozialdemokratische Partei freiwillig das Amt aus der Hand, von dem allein aus die von ihr geforderten Änderungen in der Reichswehr durchgesetzt werden konnten. Ebert hat dies, wie gesagt, zu verhindern gesucht, als jedoch die Fraktion selbst auf seine Rücktrittsdrohung hin nicht nachgab, blieb ihm nichts anderes übrig, als seinen Freund Noske zu entlassen; denn die angedrohte Alternative des eigenen Rücktritts, des Rückzugs aus der Verantwortung, kam für ihn nicht in Frage. Mehr noch aber bedrückte Ebert der Umstand, daß aus dem Sieg, den die einig kämpfende Arbeiterschaft beim Kapp-Putsch errungen hatte, nicht zuletzt durch die Fehler der eigenen Partei, durch die blutigen Unruhen im Ruhrgebiet infolge der putschistischen Taktik der Linksradikalen und durch die von den ehemaligen Feinden dem Deutschen Reich aufgezwungene Militärpolitik eine schwere Niederlage aller demokratisch gesonnenen Kräfte wurde. In einem Schreiben an den schwedischen Ministerpräsidenten Branting – eines der wenigen direkten Zeugnisse Eberts aus dieser Zeit – heißt es:

„So ungeheuerlich auch unsere Aufgabe ist, sie wäre halb so schwierig, wenn die Arbeiterschaft einig wäre. An eine Verständigung mit den kommunistischen Gruppen ist natürlich nicht zu denken. Die Unabhängigen befinden sich in einem grausen Durcheinander und pendeln zwischen Rätediktatur und Demokratie hin und her. So müssen wir die demokratische Republik, für die wir jahrzehntelang gekämpft haben, nicht nur gegen rechts, sondern auch gegen links verteidigen. Gegen Militärputsche und Kommunistenputsche kämpfen wir für die Sicherung der Republik. Es ist nicht ausgeschlossen, daß uns eines Tages die Putschisten von rechts und links in einheitlicher Front gegenüberstehen. Jedenfalls halten wir entschlossen die feste Linie der Demokratie und wir werden uns durchsetzen.

Besonders schwierig ist unter diesen Umständen die Schaffung einer zuverlässigen Staatsgewalt, ohne die eben auch die Demokratie nicht leben kann. Die Friedensbedingungen zwingen uns eine Söldnertruppe auf, die für jedes Staatswesen gefährlich ist. Jetzt gilt es vor allem, die offenkundig reaktionären Offiziere aus der Truppe zu entfernen. Beim begreiflichen Mangel an brauchbaren republikanischen Offizieren ist das nicht leicht. Es muß aber durchgeführt werden. Die gleiche Aufräumung muß in der Verwaltung durchgeführt werden. Auch hier ist kein Überfluß an geeigneten Kräften.

Leider ist es richtig, daß unsere Universitäten und höheren Schulen Brutstätten der Reaktion sind. Wenn die Revolution hier nicht durchgreifender und nachhaltiger wirkte, so ist das vor allem den Versailler Bedingungen und ihrer Durchführung zu danken. Die Mißhandlung unserer nationalen Unabhängigkeit und die fortgesetzten sadistischen nationalen Demütigungen müssen die nationalen Leidenschaften aufpeitschen und der nationalistischen Demagogie den Erfolg unter der

Jugend sichern. Die Versailler Bedingungen sind der größte Feind der deutschen Demokratie und der stärkste Antrieb für Kommunismus und Nationalismus."

Aus verständlichen Gründen hat Ebert in seinem Schreiben an Branting die Bedeutung außenpolitischer Zwänge für die deutsche Innenpolitik scharf betont; denn seine Stellungnahme gegenüber Branting war selbstverständlich ein Stück deutscher Außenpolitik. Der Ministerpräsident eines wichtigen neutralen Staates sollte mit den Auffassungen des deutschen Reichspräsidenten über den Zusammenhang zwischen der innenpolitischen Entwicklung in Deutschland und den durch die Siegermächte auferlegten Friedensbedingungen vertraut gemacht und möglichst zu einer Intervention zugunsten Deutschlands bewegt werden. Aber über diesen taktischen Zweck hinaus gab das Schreiben im Prinzip auch die Überzeugung Eberts wieder, daß die Politik der ehemaligen Kriegsgegner den reaktionären und antidemokratischen Kräften in Deutschland in die Hände arbeitete und daß dadurch die Sozialdemokratie in die Gefahr geriet, zwischen den „Putschisten von rechts und links" zerrieben zu werden.

„Aus dem Konkurs heraus" oder Verteidigung der Macht?

Bei den Wahlen am 6. Juni 1920 erlitten die Parteien der Weimarer Koalition eine vernichtende Niederlage, statt einer sicheren Dreiviertelmehrheit in der Nationalversammlung erhielten SPD, DDP und Zentrum zusammen nur noch 43,6 Prozent der abgegebenen Stimmen, wobei innerhalb der Zentrumsfraktion auch noch ein deutlicher Rechtsruck feststellbar war. Trotz dieser Lage beauftragte Ebert den amtierenden Reichskanzler Hermann Müller als Führer der auch jetzt noch stärksten Partei am 11. Juni mit der Regierungsbildung. Auf Beschluß der Parteigremien forderte Müller nun die USPD, die einen großen Wahlsieg errungen hatte, zum Eintritt in die Regierung auf, „weil nur durch eine nach links verstärkte Koalitionsregierung unsere republikanischen Einrichtungen gegen alle Angriffe von rechts verteidigt, reaktionäre Attentate auf den Achtstundentag und die sozialpolitischen Errungenschaften der Nachkriegszeit abgewehrt werden können". Doch der Führer der USPD, Artur Crispien, lehnte den Eintritt in eine Koalitionsregierung ab, da „für die USPD als Übergang nur eine rein sozialistische Regierung in Betracht (komme), in der sie die Mehrheit hat, den bestimmten Einfluß ausübt und in der ihr Programm die Grundlage der Politik bildet". Man muß bezweifeln, ob Ebert bereit gewesen wäre, einen Reichskanzler zu

Verfassungsfeier in Berlin, 1922.

ernennen, an dessen Regierungskoalition die USPD beteiligt war; auch die notwendige Zustimmung irgendeiner der bürgerlichen Parteien wäre für eine solche Koalition nicht zu erzielen gewesen. Hierüber war sich die Sozialdemokratische Partei völlig im klaren und ihr Angebot an die USPD erfüllte wie im Februar 1919 lediglich Alibifunktionen, nur daß es jetzt nicht darum ging, eine Begründung für den Eintritt in die Koalition mit bürgerlichen Parteien ohne die USPD zu finden, sondern darum, eine Begründung für den Nichteintritt in die Regierung zu haben. In der gemeinsamen Sitzung von Parteiausschuß und Reichstagsfraktion am 13. Juni sprachen fast alle führenden Vertreter der Partei, so Hermann Müller, Philipp Scheidemann, Otto Huë und Otto Braun, gegen die neuerliche Beteiligung an der Regierung, was Otto Wels auf die einprägsame Formel brachte, die Sozialdemokratie habe sich im November 1918 „in die Konkursmasse des alten Deutschlands hineingeworfen“, jetzt laute die Devise „aus dem Konkurs heraus“. Gegen diese Politik wandten sich Eduard Bernstein und Eduard David; sie empfahlen – ganz im Sinne Eberts –, keine Position freiwillig aufzugeben, sondern unbedingt in der Regierung zu bleiben, da sich nur so die durch die Revolution der Arbeiterschaft gewonnenen Rechte, insbesondere aber die soziale Gesetzgebung, auf Dauer gegen die Angriffe des bürgerlichen politischen Lagers und der Arbeitgeber sichern ließen.

Angesichts dieser Haltung seiner Partei – Ebert selber übermittelte die Ablehnung der Regierungsbeteiligung an die Führer des Zentrums – blieb dem Reichspräsidenten nichts übrig, als eine Koalition zwischen Zentrum, DDP und DVP anzustreben, die nach einem kurzen Zwischenspiel, den als demokratisch angesehenen BVP-Politiker Mayer-Kaufbeuren zum Reichskanzler zu machen, unter dem greisen Constantin Fehrenbach vom Zentrum zustande kam. Hieraus entstand eine paradoxe Situation. Die SPD hatte sich freiwillig aus ihrer Machtposition im Reich zurückgezogen und hatte damit noch weniger Einfluß auf die nun kommenden wichtigen innenpolitischen Entscheidungen als zuvor, war aber, da die nun gebildete Regierung nur eine Minderheit des Reichstags hinter sich hatte, aus eigenem Antrieb bereit, doch die Mitverantwortung für die großen außenpolitischen Entscheidungen, die man unter der Fragestellung Erfüllungspolitik oder nicht sehen muß, zu übernehmen. Der Weg, den die Partei eingeschlagen hatte, sollte ihr nach den eigenen Vorstellungen durch den Rückzug aus der Verantwortung die Chance zur inneren Erneuerung und zur Wiedergewinnung des verlorengegangenen Rückhaltes in weiten Kreisen der Arbeiterschaft geben, tatsächlich bedeutete der eingeschlagene Weg jedoch nur Verantwortung ohne Macht. Vergeblich hatte Ebert versucht, seine Partei von dieser Entscheidung abzuhalten, und die tatsächliche Entwicklung gab ihm recht. Schon im Mai 1921 brach die bürgerliche Minderheitsregierung wegen der im Londoner Ultimatum erhobenen Reparationsforderungen auseinander. Nun konnte sich die SPD, die die Außenpolitik der Erfüllung des Versailler Vertrages mitvertreten und mitverantwortet hatte, nicht mehr weigern, an einer Koalition teilzunehmen, wobei Ebert allerdings auch jetzt noch zu seiner stärksten Waffe greifen mußte, um die Neubildung der Regierung zu erzwingen; unter Androhung seines Rücktritts erreichte er eine Neuauflage der Weimarer Koalition aus SPD, Zentrum und DDP, die für die bevorstehenden schwerwiegenden außenpolitischen Entscheidungen auf die Unterstützung der USPD rechnen durfte, deren linker Flügel sich im Oktober 1920 mit der KPD vereinigt hatte und die dadurch wenigstens etwas mehr Homogenität gewonnen hatte. Wohl gelang es Ebert nicht, die SPD zur Annahme des Reichskanzlerpostens zu bewegen, aber mit dem Innen-, dem Wirtschafts- und dem Schatzministerium und zusätzlich seit Oktober 1921 dem Justizministerium hatte die SPD eine Reihe von wichtigen Ämtern zur Beeinflussung der gesamten Innenpolitik gewonnen.

Inflation, Reparationen, „Ruhrkampf" und Desintegration der deutschen Gesellschaft

Die politischen Ereignisse der folgenden beiden Jahre bis zur Bildung der großen Koalition im August 1923 können hier nur ganz kurz gestreift werden. Innenpolitisch waren sie überschattet von einem ständigen Radikalisierungsprozeß in der Bevölkerung. Eberts Befürchtungen, daß die radikalen Feinde der Demokratie von rechts und links gemeinsam zum Kampf gegen die Republik antreten würden, fanden ihre Bestätigung in einer Serie von kommunistischen Aufstandsversuchen, beginnend mit dem Märzaufstand 1921 und im Oktober 1923 im Versuch einer Revolution mit Hilfe der proletarischen Hundertschaften kulminierend, und der Radikalisierung von rechts, die in den Morden an Matthias Erzberger und Walther Rathenau sowie dem Hitler-Ludendorff-Putsch im November 1923 ihren sichtbaren Ausdruck fand. Ebert hat unter konsequenter Ausnutzung seiner verfassungsmäßigen Rechte diese Politik der radikalen Parteien bekämpft.

Weit folgenreicher und sehr viel schwerer zu bekämpfen als die rechts- und linksradikalen Parteien und ihre Organisationen war jedoch die Tatsache, daß der innere Radikalisierungsprozeß auch auf die bisher gemäßigten Rechtsparteien übergriff und weite Teile der Bevölkerung zum latenten Potential für radikale Parteien wurden. Die Gründe für diese Entwicklung lassen sich zureichend nur beschreiben, wenn man sich die sozial-ökonomische Entwicklung vergegenwärtigt. Die Kriegsfolgen, die sich jetzt in Reparationen und Inflation bemerkbar machten, erlaubten der deutschen Bevölkerung nur einen Lebensstandard, der niedriger war als in der Vorkriegszeit. Natürlich handelt es sich dabei um Durchschnittswerte – und politisch ging es darum, wie die Lasten verteilt wurden, ob eine soziale Schicht allein für die Kriegsfolgen aufkommen sollte oder ob eine gerechte Verteilung angestrebt wurde. Die sozialdemokratische Führung hatte noch in den Revolutionsmonaten unter Eberts Führung ein durchaus erfolgversprechendes Programm einer integrierten Finanz-, Wirtschafts- und Sozialpolitik entworfen, dessen Kennzeichen eine mit deficit spending des Staates erfolgende Ankurbelung der Wirtschaft gewesen war. Dieses Programm war im wesentlichen am Widerstand der organisierten wirtschaftlichen Interessen, die sich sowohl gegen eine angemessene Besteuerung wie gegen eine ausgleichende Sozialpolitik gewandt hatten, gescheitert. Ihr eigenes wirtschaftspolitisches Programm, nämlich Abbau der Sozialpolitik, Abbau der Löhne und der betrieblichen Mitbestimmungsrechte, Abbau der vermögens- und einkommenbelastenden Steuern zugunsten eines Anziehens der indirekten Steuern durchzusetzen, waren diese Kräfte freilich noch nicht imstande. Und daher hatten sie das Laufenlassen der Inflation, das auch aus außenpolitischen Gründen den meisten Regierungen als einfachstes Mittel zum Nachweis der Unfähigkeit, Reparationen zahlen zu können, galt, als ein probates Mittel zur Umverteilung der Lasten auf die breite Mehrheit der Bevölkerung erst in Kauf genommen, spätestens seit Mitte 1922 aber bewußt gefördert. In der Inflation aber sahen bald große Teile der Bevölkerung die eigentliche Bedrohung für ihre Lebensmöglichkeiten: Die Arbeiter sahen, daß trotz großer Nominallohnsteigerungen ihr Lebensstandard nicht besser, sondern schlechter wurde; Beamte und Angestellte empfanden ähnliches und fühlten sich dazu noch deklassiert, da der Einkommensabstand zur Arbeiterschaft in der eigenen Wahrnehmung zusammenschmolz; viele Angehörige der freien Berufe und des alten Mittelstandes, die ihre Alterssicherung über den Erwerb von festverzinslichen Staatsanleihen vorgenommen hatten, sahen, wie diese Rücklagen durch die Inflation immer wertloser wurden; die Rentner konnten von ihren durch eigene Arbeit erworbenen Rentenansprüchen nicht leben und waren wieder auf gemeindliche Fürsorgeleistungen angewiesen. Zugleich aber herrschte Luxuskonsum, machten sich Schieber breit, wurden mit Devisenspekulationen Millionen verdient (und natürlich auch verloren); die geordnete Welt, in der sich die Menschen heimisch gefühlt hatten, schien aus den Fugen geraten.

Welche Gründe ökonomischer Art, welche politischen Zusammenhänge dieses Phänomen Inflation verursachten, das war naturgemäß eine ständig diskutierte Frage, wobei Schuldzuschreibungen entsprechend dem eigenen Wahrnehmungshorizont erfolgten. Und hierfür waren sicher nicht „objektive" Maßstäbe entscheidend, sondern die sich aus der jeweiligen Interessenlage ergebenden und plausibel erscheinenden Erklärungen. Nur eines ist sicher, der „Staat" und seine Repräsentanten wurden von den meisten Menschen in irgendeiner Form für verantwortlich gehalten – und dies nicht zu Unrecht. Denn es ist nicht verwunderlich, daß die Bevölkerung gegenüber einem politischen System, das nicht imstande zu sein schien, wenigstens die elementarsten Lebensbedürfnisse, d. h. eine gesicherte Rechtsordnung, Arbeit und einen bescheidenen materiellen Wohlstand zu garantieren, skeptisch wurde und sich für die Parolen radikaler Parteien empfänglich zeigte.

Die außenpolitischen Probleme, gekennzeichnet durch den ständigen Kampf um die Reparationen und gipfelnd in der Besetzung des Ruhrgebiets durch französische und belgische Truppen, verschärften die innen- und außenpolitischen Schwierigkeiten nur noch. Reichskanzler Cuno, der nach dem Auseinanderfall der Regierung Wirth im November 1922 berufen worden war, erwies sich als ein krasser Versager. Daß Cuno überhaupt Reichskanzler werden konnte, ist nur aus der Situation im Spätherbst 1922 verständlich. Eine parlamentarische Mehrheitsregierung scheiterte an der mangelnden Bereitschaft der Parteien vom Zentrum bis zur SPD, erneut eine Koalition zu bilden, ohne daß vorher ein Programm für die Lösung der Reparations- und der Inflationsfrage aufgestellt wurde. Und da eine einvernehmliche Lösung nicht erreichbar war, sich in der Öffentlichkeit auch immer mehr die Vorstellung durchsetzte, daß jetzt ein nicht parteipolitisch gebundenes, wirtschaftlichen Sachverstand repräsentierendes Kabinett das Gebot der Stunde war, hat Ebert schließlich den offiziell parteilosen, jedoch der DVP nahestehenden Generaldirektor der Hapag, Wilhelm Cuno, berufen.

Cuno, der ursprünglich Karrierebeamter in der Finanzverwaltung des Reiches gewesen und erst Ende 1917 in die Privatwirtschaft übergewechselt war, hatte Eberts Aufmerksamkeit erstmals im Jahre 1920 durch seine wohlüberlegten Vorschläge zur Gestaltung des Haushaltsrechts und zur Stellung des Reichsfinanzministers innerhalb der Reichsregierung auf sich gezogen, er war dann von Wirth nach der Ermordung Walther Rathenaus als neuer Außenminister ins Spiel gebracht worden, hatte dieses Amt jedoch abgelehnt. Auf jeden Fall galt Cuno trotz – oder vielleicht gerade wegen – seiner mangelnden politischen Erfahrung im Herbst 1922 nicht nur als ministrabel, sondern auch für den Posten des Reichskanzlers geeignet. Ebert selber hatte, wie angedeutet, einen positiven Eindruck von ihm, und so unterschiedliche Politiker wie Joseph Wirth und Carl Petersen, der präsidierende Bürgermeister von Hamburg, sprachen sich für ihn aus. Dennoch war seine Berufung eine klare Fehlentscheidung Eberts; denn Cuno erwies sich auf keinem politischen Aufgabengebiet als kompetent. Daß sein Kabinett überhaupt bis zum August 1923 fortbestand, ist nur auf den passiven Widerstand gegen die Ruhrgebietsbesetzung zurückzuführen, da in dieser außenpolitischen Situation ein Regierungswechsel von den Parteien des Reichstages nicht angestrebt wurde. Erst als die wirtschaftliche und finanzielle Lage des Reichs durch die Fortsetzung des Ruhrkampfes unerträglich wurde, sich außerdem starke separatistische Tendenzen an Rhein und Ruhr sowie die Entschlossenheit der Ruhrindustriellen, notfalls auch gegen den Willen der Reichsregierung mit Frankreich zu verhandeln, zeigten, waren auch die Parteien der bürgerlichen Arbeitsgemeinschaft aus DVP, DDP, Zentrum und BVP, auf die sich Cuno im Reichstag gestützt hatte, nicht mehr gewillt, länger untätig zuzuschauen.

Erneut um eine „Politik der Mitte": Die „Große Koalition" 1923 und das Problem des politischen Kompromisses

Die SPD, die seit der Wiedervereinigung mit der USPD im Jahre 1922 mit 171 Abgeordneten von insgesamt 486 die bei weitem stärkste Fraktion stellte, wurde bei der Neubildung der Regierung insofern initiativ, als sie mit der Einbringung eines Mißtrauensvotums gegen Cuno drohte und dadurch auch die Parteien der bürgerlichen Arbeitsgemeinschaft von der Notwendigkeit eines Regierungswechsels überzeugte. Allerdings waren die bürgerlichen Parteien nun nicht bereit, einen sozialdemokratischen Reichskanzler hinzunehmen und bestanden darauf, daß Reichswehrminister Geßler, der nicht nur von der sozialdemokratischen Reichstagsfraktion, sondern in zunehmendem Maße auch von der sozialdemokratisch geführten preußischen Regierung wegen seiner Wehrpolitik angegriffen wurde, in seinem Amt verblieb. Die sozialdemokratische Reichstagsfraktion mußte wegen dieser Haltung der bürgerlichen Parteien in ihren personalpolitischen Wünschen zurückstecken; das Amt des Reichskanzlers hat sie allerdings auch nie angestrebt, weil dadurch die große Koalition von DVP bis SPD nicht erreichbar gewesen wäre und weil sie im Hinblick auf die Zustände in dem von einer sozialdemokratisch-kommunistischen Koalition regierten Sachsen sich wohl auch scheute, den Regierungschef zu stellen.

Ebert hat daher zum Kanzler den Führer der DVP, Gustav Stresemann, ernannt. Dieser hatte seine Kanzlerschaft innerhalb der Partei sorgfältig vorbereitet und eine allgemein akzeptierte personelle Alternative war auch nicht erkennbar. Wichtiger war jedoch, daß Stresemann von vornherein entschlossen war, den aussichtslos gewordenen passiven Widerstand an Rhein und Ruhr im Interesse der Reichseinheit abzubrechen, und daß er sich mit aller Entschiedenheit das sozialdemokratische Ziel, die Währungssanierung, zu eigen gemacht hatte – wenn auch seine Vorstellungen über die dabei anzuwendenden Methoden erheblich von denen der SPD abwichen. Insofern war Stresemann nicht nur für Ebert, sondern auch für die SPD als Kanzler akzeptabel.

In seinen außenpolitischen Maßnahmen, der Aufgabe des passiven Widerstands an Rhein und Ruhr und der Anbahnung von Ausgleichsverhandlungen mit Frankreich, konnte sich Stresemann vor allem auf die SPD und Ebert stützen, während seine eigene Partei opponierte. Weitaus schwieriger war die Lösung der innenpolitischen Krise, die durch galoppierende Inflation, Arbeitslosigkeit, Absinken der Industrieproduktion, Separatismus am Rhein und in der Pfalz, durch Generalstreiks, durch kommunistische Aufstände und durch einen zunehmenden Antagonismus zwischen der Reichsregierung und den sozialdemokratisch-kommunistischen Koalitionsregierungen in Sachsen und Thüringen sowie der rechtsradikalen Regierung Bayerns gekennzeichnet war; denn bei diesen Fragen zeigten sich grundlegende politische Meinungsverschiedenheiten zwischen den bürgerlichen Parteien und der SPD, die weder Stresemann noch Ebert überwinden konnten.

Die Schwierigkeiten für das Kabinett und für Ebert entstanden dadurch, daß die bürgerlichen Parteien nicht, wie ursprünglich geplant und in einer Kabinettssitzung unter Vorsitz Eberts beschlossen, einer gesonderten Lösung der mit der Sanierung der Reichsfinanzen und der Stabilisierung der Währung zusammenhängenden Probleme zustimmen wollten, sondern darauf bestanden, diese Fragen unlöslich mit der von ihnen geforderten Aufhebung der Demobilmachungsverordnungen und des Achtstundenarbeitstages zu verbinden. Zugleich wünschten die bürgerlichen Parteien und ihre Vertreter im Kabinett eine Regelung aller dieser Fragen im Wege der Rechtsverordnung aufgrund des Art. 48 der Reichsverfassung, während die sozialdemokratische Reichstagsfraktion sozialpolitische Fragen nur im ordentlichen Gesetzgebungsverfahren regeln wollte. Für diese Entscheidung hatte die Fraktion gute Gründe; denn beim ordentlichen Gesetzgebungsverfahren konnte die SPD ihre Stärke im Reichstag zum Tragen bringen und gegenüber der eigenen Mitgliedschaft und der Öffentlichkeit zeigen, wer und in welchem

Ausmaß für die Beschränkung bzw. Aufhebung sozialpolitischer Errungenschaften der Revolution die Verantwortung trug, andererseits aber erforderte dieses Verfahren sehr viel Zeit, die in Anbetracht der inneren und äußeren Lage des Reiches nicht zur Verfügung stand, und außerdem war das Verlangen der SPD inkonsequent, denn auch sie war bereit, die notwendigen finanz- und steuerpolitischen Maßregeln auf dem Verordnungswege vornehmen zu lassen.

In der nun entstehenden Kabinettskrise zeichnete sich innerhalb der Fraktion von DVP und Zentrum deutlich die Tendenz ab, die SPD aus der Koalition zu verdrängen und sie statt dessen nach rechts zu erweitern. Sowohl Stresemann, der sich darüber im klaren war, daß seine Kanzlerschaft im wesentlichen von der Aufrechterhaltung der großen Koalition abhing, als auch die SPD suchten nach einem gangbaren Kompromiß. In welcher Form Ebert in diese Verhandlungen eingegriffen hat, läßt sich nicht eindeutig klären. Nur soviel steht fest: Nach Stresemanns Rücktritt am 3. Oktober 1923 beauftragte er diesen erneut mit der Kabinettsbildung, wirkte auf seine Partei ein und erreichte schließlich eine Neubildung des Kabinetts der großen Koalition. Die Sozialdemokratie verzichtete hierfür auf den Posten des Reichsfinanzministers und stimmte dem Ermächtigungsgesetz auch für sozialpolitische Fragen zu, wobei die Frage der Arbeitszeit durch ein besonderes Gesetz, zu dem die SPD vorher ihre Zustimmung erklärte, geregelt wurde. Die Zustimmung der Fraktion hatte Hermann Müller durch folgende Argumentation erlangt:

> „Unser Nein verhindert eine Regierung, dann Arb(eiterschaft) viel schwerer zu leiden. Die jetzige Wirtschaftslage verhindert jede Hoffnung auf Besserung der Arb(eiter)-Lage! Wir nützen also der Arb(eiter)schaft durch Ja....
> Ermächtigung bedeutet zwar ein Stück Diktatur: aber statt dieser legalen Diktatur, käme die Gewalt! Loyalität schwindet!
> Unternehmer sind stark genug, auch *ohne* Recht den 8St(un)d(en)tag aufzuheben."

Kaum war diese erste Krise des Kabinetts durch das Nachgeben der SPD in der wichtigsten Streitfrage beigelegt, entstand eine neue ernste Krise durch die von den bürgerlichen Parteien geplante und durchgesetzte ungleiche Behandlung Sachsens und Bayerns. Die Regierungen beider Länder hatten sich von der verfassungsmäßigen Ordnung des Reiches entfernt. Sachsen dadurch, daß die kommunistischen Mitglieder der in völlig legaler Form zustande gekommenen sozialdemokratisch-kommunistischen Koalition offen zum Kampf für die proletarische Diktatur aufriefen, und Bayern dadurch, daß der am 25. September ernannte

Generalstaatskommissar Kahr in Zusammenarbeit mit allen rechtsextremistischen Kräften bis hin zur NSDAP gegen die Beschlüsse der Reichsregierung arbeitete und die verfassungsmäßig angeordnete Dienstentlassung des bayerischen Landeskommandanten, General von Lossow, verhinderte und zugleich auf den Sturz der Reichsregierung und die Errichtung einer Diktatur hinarbeitete. Beide Länderregierungen hatten sich also außerhalb des Rahmens der Reichsverfassung gestellt und strebten entweder insgesamt oder doch teilweise eine gewaltsame Änderung des Regierungssystems des Reiches an. Gegen Sachsen beschloß nun aber die bürgerliche Mehrheit des Reichskabinetts mit Einverständnis Eberts die Reichsexekution, der schließlich auch die sozialdemokratischen Regierungsmitglieder unter mannigfachen Kautelen – und erst später erhobenen Einwänden gegen das Verfahren im einzelnen – zustimmten, während gegen Bayern nichts geschah. Zur Begründung des unterschiedlichen Verfahrens führten die bürgerlichen Parteien und auch Stresemann an, daß man an Bayern kein Ultimatum stellen könne, weil man keine Macht habe, es durchzusetzen. Stresemann umschrieb sein Dilemma mit folgenden Worten:

> „Ich darf es nicht zu einem Rechtsputsch kommen lassen! Bayern kommt erst dann in Ordnung, wenn sächsische Entspannung. Bereinigung Sachsens ist Voraussetzung des Sieges über Bayern."

In dieser kritischen Situation beging die Sozialdemokratische Partei einen kapitalen Fehler: Man hatte sehr wohl bemerkt und auch von den bürgerlichen Parteien deutlich zu hören bekommen, daß diesen ein Ausscheiden der Sozialdemokratie aus der Regierung nur recht war, ja, die von dem Reichskommissar Heinze in Sachsen verfolgte Politik ließ darauf schließen, daß der Austritt der SPD provoziert werden sollte. Anstatt nun nach Möglichkeiten zu suchen, doch noch in der Regierung bleiben und auch in Bayern wieder verfassungsmäßige Zustände herstellen zu können und vor allem bei den in den nächsten Monaten auf das Reich zukommenden schwerwiegenden wirtschafts- und sozialpolitischen Fragen das Gewicht der Partei in die Waagschale werfen zu können, beschloß die Fraktion auf zwei Sitzungen am 30. Oktober und am 2. November jeweils auf Antrag Hermann Müllers an die bürgerlichen Koalitionspartner die Forderung zu stellen, den Ausnahmezustand wieder aufzuheben und gegen Bayern in ultimativer Form vorzugehen und, als dies an der Weigerung der Koalitionspartner scheiterte, die sozialdemokratischen Minister aus der Koalition zurückzuziehen. Die SPD-Fraktion war in dieser Frage jedoch keineswegs einer Meinung; wohl hatten fast alle Sprecher während der Beratungen am 30. Oktober für die

Formulierung von Bedingungen für den Verbleib in der Regierung plädiert, aber vor allem die ehemaligen Angehörigen der USPD wollten damit nur eine taktisch günstigere Ausgangsbasis für den Austritt erreichen, während es Hermann Müller und den sozialdemokratischen Ministern darum ging, unter möglichster Verstärkung des sozialdemokratischen Einflusses in der Regierung zu verbleiben. Daß das nicht gelang, war das Ergebnis der Intransigenz der bürgerlichen Parteien und der SPD gleichermaßen; zudem zeigte sich nun eine tiefe Vertrauenskrise zwischen der SPD und Ebert. Denn Ebert hatte, wie es großen Teilen der sozialdemokratischen Reichstagsfraktion schien, nicht nur nicht als Sozialdemokrat gehandelt, als er in Sachsen die Regierung absetzen ließ, sondern auch seine verfassungsmäßigen Pflichten verletzt. Gustav Hoch, der langjährige Kollege Eberts im Parteivorstand, erklärte hierzu, „nach meiner Ansicht ist *Ebert erledigt*. Wie konnte er eine solche Verordnung unterschreiben". Auch andere Abgeordnete, so Rudolf Breitscheid, griffen den Reichspräsidenten scharf an. So verständlich die Erbitterung in der sozialdemokratischen Fraktion über die innenpolitische Entwicklung auch war, die Angriffe gegen Ebert entbehrten der Berechtigung, denn er hatte tatsächlich im Rahmen der Verfassung gehandelt und versucht, neben der Erhaltung der Reichseinheit, der Ordnung des Wirtschaftslebens und der Erreichung erträglicher Beziehungen zu Frankreich seine Partei in der Regierung zu halten, um hierdurch einmal eine breite Basis für diese Politik zu schaffen, zum anderen um der SPD vor allen Dingen bei der Beratung der finanz- und wirtschaftspolitischen Fragen eine Chance zur gestaltenden Mitwirkung im Interesse der Arbeiterschaft offenzuhalten.

Daß er sich zur Erreichung aller dieser Ziele gestützt auf den Artikel 48 des militärischen Ausnahmezustandes bediente, entsprach sicherlich nicht den Prinzipien einer parlamentarischen Demokratie, war aber angesichts der Lage im Reich und nicht zuletzt angesichts des Verhaltens der Reichswehr notwendig. Denn Seeckt liebäugelte schon lange mit einer Umgestaltung der Reichsverfassung und der Errichtung einer Diktatur. Ebert hatte diese Tendenzen der Seecktschen Politik erkannt und er tat den einzigen dagegen wirksamen Schritt; er übertrug Seeckt die gesamte vollziehende Gewalt, nachdem er ihn vorher zu einem Loyalitätsbekenntnis für den Reichspräsidenten Ebert gezwungen hatte. So paradox es auch erscheinen mag, daß Ebert dem erklärten Gegner der Reichsverfassung die Verantwortung für ihre Aufrechterhaltung übertrug, der Erfolg gab ihm recht. Denn nun wurde Seeckt von der bayerischen Fronde und von den nach einer Diktatur rufenden Untergebenen im Reichswehrministerium getrennt und war gezwungen, den Münchener Putsch Hitlers und

Ludendorffs, an dessen Spitze er sich nicht mehr stellen konnte, selber niederzuschlagen. Wohl gewann Seeckt durch diese Entscheidung Eberts als Inhaber aller vollziehenden Gewalt ungeheure Macht, ja, er konnte sich sogar mit Erfolg dagegen wehren, nach der Niederschlagung des Münchener Putsches und dem gegen Eberts Willen von der SPD durch einen Mißtrauensantrag erzwungenen Rücktritt Stresemanns die vollziehende Gewalt wieder in die Hände eines zivilen Ministers zu legen, aber da es Ebert gelang, auch nach dem Sturz Stresemanns sehr schnell wieder eine Regierung zu bilden, und da eine allmähliche Konsolidierung der wirtschaftlichen und finanziellen Verhältnisse des Reiches einsetzte, konnte Seeckt diese Macht nicht gegen, sondern mußte sie für die Republik einsetzen.

Seinen Kampf für die Erhaltung der Republik im Jahre 1923 hat Ebert mit einer Minderung seines politischen Einflusses im Reich und auch in der eigenen Partei bezahlt; denn nach dem Debakel mit der großen Koalition war die SPD für lange Zeit nicht mehr bereit, in eine Koalition gemeinsam mit der DVP zu gehen; diese Haltung verstärkte sich noch nach der Wahlniederlage im Mai 1924, und selbst nach den erfolgreicheren Dezemberwahlen 1924 war das Mißtrauen in der Partei gegen eine Koalitionsbildung so groß, daß sie es vorzog in der Opposition zu bleiben, und Ebert damit nichts anderes übrigblieb, als eine Koalition der bürgerlichen Parteien anzustreben.

Dieses Ergebnis von Eberts Kampf um die Erhaltung und Festigung der Republik als einer sozialen Demokratie könnte dazu verleiten, seinen Einsatz als vergeblich anzusehen. Doch kann nicht übersehen werden, daß nach den ständigen innen- und außenpolitischen Krisen in den Jahren bis Anfang 1924 im Laufe des Jahres 1924 eine Konsolidierung gelungen war. Die Finanzen des Reiches waren einigermaßen geordnet, die Währung stabilisiert, für die Reparationslasten mit dem Dawes-Plan gewisse Erleichterungen erreicht und ein allmählicher wirtschaftlicher Aufschwung eingeleitet, der auch der Arbeiterschaft zugute kam. Sicherlich hatte gerade die Arbeiterschaft durch die Außerkraftsetzung der Demobilmachungsverordnungen und die Aufhebung des Achtstunden-Normalarbeitstages viele der Errungenschaften der Revolution wieder verloren und sicher wurde die Stellung der SPD im politischen Tageskampf hierdurch nicht erleichtert und ebenso sicher litt Eberts persönliches Ansehen in seiner eigenen Partei und bei der Arbeiterschaft hierunter, aber trotz aller Rückschläge war das demokratische und parlamentarische System gegen größte Widerstände von rechts und links erhalten geblieben; damit war aber zugleich eine neue Chance gegeben, der schon totgesagten Republik auch das notwendige soziale Fundament zu geben.

An der Jahreswende 1924/25 war jedenfalls die politische Situation wieder offen, auch und gerade für die Durchsetzung sozialdemokratischer Zielvorstellungen. Und das war nicht zuletzt ein Ergebnis der Politik, die Friedrich Ebert in den Krisenjahren 1919 bis 1923 verfolgt hatte.

Zitierte und weiterführende Literatur (vgl. a. die Angaben zu Kap. 6 u. 7)

Werner T. Angress, Die Kampfzeit der KPD 1921–1923, Düsseldorf 1973.

Arbeiterklasse siegt über Kapp und Lüttwitz. Archivalische Forschungen zur Geschichte der deutschen Arbeiterbewegung Bd. 7/I u. II, hrsg. v. Leo Stern, ausgew. u. bearbeitet v. Erwin Könnemann, Brigitte Berthold, Gerhard Schulze, Berlin (Ost) 1971.

Gerhard Colm, Beitrag zur Soziologie und Geschichte des Ruhraufstandes vom März–April 1920, Essen 1921.

George Eliasberg, Der Ruhrkrieg 1920, Bonn-Bad Godesberg 1974.

Johannes Erger, Der Kapp-Lüttwitz-Putsch. Ein Beitrag zur deutschen Innenpolitik 1919/20, Düsseldorf 1967.

Gerald D. Feldman, Carl-Ludwig Holtfrerich, Gerhard A. Ritter, Peter-Christian Witt (Hrsg.), Die Erfahrung der Inflation, Berlin–New York 1984.

Dies. (Hrsg.), Anpassung an die Inflation, Berlin–New York 1986.

Ossip K. Flechtheim, Die KPD in der Weimarer Republik, Neudruck Frankfurt a. M. 1969.

Ernst Fraenkel, Deutschland und die westlichen Demokratien, Stuttgart 1964.

Conrad Haußmann, Schlaglichter, Frankfurt a. M. 1924.

Gotthard Jasper, Der Schutz der Republik, Tübingen 1963.

Arnold Köttgen, Das deutsche Berufsbeamtentum und die parlamentarische Demokratie, Berlin–Leipzig 1928.

Ernst Laubach, Die Politik der Kabinette Wirth 1921/22, Lübeck–Hamburg 1968.

Erhard Lucas, Märzrevolution 1920, 3 Bde., Frankfurt a. M. 1973, 1978.

Hans Meier-Welcker, Seeckt, Frankfurt 1967.

Klaus Jürgen Müller/Eckard Opitz (Hrsg.), Militär und Militarismus in der Weimarer Republik, Düsseldorf 1978.

Richard Müller, Der Bürgerkrieg in Deutschland, Berlin 1925 (Nachdruck Berlin 1974).

Sigmund Neumann, Die Parteien der Weimarer Republik, 2. Aufl. Stuttgart 1965.

Gustav Noske, Von Kiel bis Kapp, Berlin 1920.

Gustav Stresemann, Vermächtnis, Bd. 1, Berlin 1932.

Henry A. Turner, Stresemann – Republikaner aus Vernunft, Berlin–Frankfurt a. M. 1968.

Hermann Weber, Die Wandlungen des deutschen Kommunismus. Die Stalinisierung der KPD in der Weimarer Republik, 2 Bde., Frankfurt a. M. 1969.

Heinrich August Winkler, Von der Revolution zur Stabilisierung. Arbeiter und Arbeiterbewegung in der Weimarer Republik 1918 bis 1924, Berlin–Bonn 1984.

Ders., Der Schein der Normalität. Arbeiter und Arbeiterbewegung in der Weimarer Republik 1924 bis 1930, Berlin–Bonn 1985.

Zwischen Revolution und Kapp-Putsch, Militär und Innenpolitik 1918–1920, bearb. v. Heinz Hürten, Düsseldorf 1977.

Eine der letzten Aufnahmen des Reichspräsidenten.

9. Friedrich Ebert – Politiker der Mitte. Versuch einer Würdigung

Präsident des ganzen deutschen Volkes

So überragend die Machtfülle auch war, die dem Reichspräsidenten kraft Verfassung zustand, so darf doch nicht übersehen werden, daß sie ihm bei einer nicht nur an den Buchstaben, sondern auch an dem Geist der Verfassung orientierten Amtsführung nur in Notzeiten zustand. Nur wenn sich die am politischen Willensbildungsprozeß beteiligten Parteien als unfähig erwiesen, stabile Regierungen zu bilden und geordnete politische und ökonomische Verhältnisse herzustellen, dann war der Reichspräsident aufgerufen, seine ihm kraft Verfassung zustehenden Rechte einzusetzen und gestaltend in den politischen Entscheidungsprozeß einzugreifen. Aus dieser verfassungsrechtlichen Konstruktion erwuchsen – jedenfalls für einen Reichspräsidenten, der sich wie Ebert dem Gedanken der parlamentarischen Demokratie verpflichtet fühlte – Stärke und Schwäche des Amtes zugleich. In den Krisenjahren bis 1924 hat Ebert allzu häufig die Erfahrung machen müssen, daß selbst die kooperationswilligen Mittelparteien von der DVP bis hin zur SPD der Verantwortung für schwerwiegende innen- und außenpolitische Entscheidungen auswichen und diese lieber dem Reichspräsidenten aufbürdeten. Als aber im Jahre 1924 eine gewisse Konsolidierung gelungen war, wurde er gerade von den bürgerlichen Parteien beiseite gedrängt und sein Rat nicht mehr beachtet. Hierüber können alle Beteuerungen in den Memoiren bürgerlicher Politiker, man habe Ebert immer hoch geschätzt, nicht hinwegtäuschen; denn tatsächlich haben diese Parteien Eberts von Anfang an unparteiische, am wirtschaftlichen Wiederaufbau Deutschlands, an der Herstellung geordneter Rechtsverhältnisse ebenso wie an der Sicherung der sozialstaatlichen Komponente der Demokratie orientierte Amtsführung vornehmlich deswegen gestützt und begrüßt, weil sie hofften, dadurch allmählich wieder entscheidendes Gewicht im politischen Kräfteverhältnis Deutschlands zu erlangen. Als sie dieses Ziel erreicht hatten, als die auch von Ebert als tödliche Gefahr für den demokratischen Staat angesehenen kommunistischen Putschversuche niedergeworfen waren und als wegen der katastrophalen wirtschaftlichen Lage eine grundlegende wirtschaftspolitische Neuordnung nach der Stabilisierung der Mark notwendig wurde, bürdeten sie alle Lasten der Arbeiterschaft auf, nahmen ihr viele der sozialpolitischen Errungenschaften der Revolution und förderten damit den Entfremdungsprozeß großer Teile der Arbeiterschaft von der Republik.

Für Friedrich Eberts persönliches Ansehen in der eigenen Partei und in weiten Kreisen der Arbeiterschaft bedeutete diese Entwicklung eine schwere Belastung. Denn als Reichspräsident und als Sozialdemokrat verkörperte Ebert in gewisser Hinsicht diese Republik. Alle Fehler, alle Schwächen und alles Versagen bei der Befriedigung ihrer elementarsten Lebensbedürfnisse lasteten viele Menschen daher ihm, dem Träger des höchsten Amtes der Repubik, an. Als im Jahre 1918 endlich das große Ziel der Partei der Arbeiterklasse, die politische Gleichberechtigung aller Menschen, erreicht war, als Sozialdemokraten in die höchsten Staatsämter aufgestiegen waren, mußten sich doch auch die wirtschaftliche Gleichberechtigung, die soziale Sicherheit und endlich auch jener Zustand politischer Harmonie, den die Sozialdemokratie als Ergebnis der Aufhebung der Klassenschranken verkündet hatte, einstellen – so dachten jedenfalls viele Sozialdemokraten. Sie waren daher doppelt enttäuscht, daß Friedrich Ebert, der Mann, der bei seinem Amtsantritt verkündet hatte, er werde sein Amt zwar unparteiisch, aber doch immer eingedenk der Tatsache führen, daß er „ein Sohn des Arbeiterstandes" sei, ihnen die Hoffnungen, die sie an den neuen Staat geknüpft hatten, nicht erfüllen konnte. Wenn es auch zweifellos richtig war, Friedrich Ebert mit dem Gedanken der sozialen Demokratie zu identifizieren, so führte dieser Identifikationsprozeß doch auch zu einer unangemessenen Übersteigerung der Ansprüche und der Hoffnungen, die an Friedrich Ebert gestellt wurden. Auch ließen solche Überlegungen völlig außer acht, daß Ebert der Reichspräsident des ganzen Volkes und nicht der einer Partei war, daß er also, wollte er sein Amt verfassungsmäßig wahrnehmen, vieles mit seinem Namen decken mußte, was er als Sozialdemokrat ablehnte.

Wie in den großen politischen Streitfragen die Chancen zu ihrer Beeinflussung im Sinne sozialdemokratischer Parteipolitik durch Ebert von vielen Mitgliedern der SPD maßlos überschätzt wurden, so brachten sie ihm auch bei vielen kleinen, häufig nur sie persönlich betreffenden Problemen einen rührenden Wunderglauben entgegen, der schlaglichtartig das Dilemma beleuchtet, vor das sich Ebert, der Reichspräsident aus der Arbeiterklasse, durch das Vertrauen dieser Menschen gestellt sah. So mußte Ebert, um nur ein Beispiel zu nennen, dringend an die „Vorwärts"-Redaktion appellieren, man möge im Hinblick auf die vielen Gesuche, die aus der Bevölkerung an ihn herangetragen wurden, doch endlich mit der nötigen Deutlichkeit darauf hinweisen, daß nicht er, der Reichspräsident, sondern in den meisten Fällen die Länderregierungen das Begnadigungsrecht in Strafsachen ausübten. Das heißt allerdings nicht, daß Ebert solche Gesuche möglichst abwürgen wollte oder daß er die Anliegen dieser Menschen gering achtete: Voller Pflichtbewußtsein und eher mit zuviel als zuwenig persönlichem Engagement ist Ebert solchen kleinen, einzelne Bürger tief bewegenden oder beunruhigenden Problemen nachgegangen und hat, wo er es vom Amt oder von seinem persönlichen Einfluß her vermochte, versucht, Abhilfe zu schaffen.

Volkstümlichkeit hat Ebert als Reichspräsident dennoch nie errungen, die Bremer Zeiten, wo wenigstens die Parteimitglieder nicht nur mit Respekt, sondern geradezu bewundernd von ihm sprachen, waren längst vergangen. Mit zu dieser Distanz zwischen ihm und der Bevölkerung mag beigetragen haben, daß er sich als Reichspräsident meist bei offiziellen, zeremoniellen Anlässen an sie wandte und dabei naturgemäß nicht mit agitatorischer Schärfe zu sprechen pflegte. Aber auch schon während des Weltkrieges hatte sich sein Redestil stark gewandelt, denn zumindest im Reichstag nahm er nur noch das Wort, um vorher sorgfältig vorberatene Erklärungen abzugeben. Allerdings kam dies wohl auch seinen eigenen Intentionen entgegen, an den Verstand und die kritische Vernunft, nicht aber an die Emotionen zu appellieren. Aus dieser Tatsache aber den Schluß zu ziehen, wie viele, vor allem bürgerliche Politiker es taten, Ebert habe Resonanz nur bei den oberen Schichten, bei den Gebildeten gefunden, nicht aber bei den Menschen, aus deren Stand er hervorgegangen war, scheint verfehlt. Dagegen sprechen auch die vielen Zeugnisse der Trauer und Betroffenheit aus allen Schichten des Volkes bei seinem Tod.

Die Sozialdemokratie und der Reichspräsident

Friedrich Eberts Beziehungen zu seiner eigenen Partei sind schon häufig in dieser Untersuchung gestreift worden. Hier soll noch einmal der Versuch gemacht werden, die Gründe für die zahlreichen Spannungen und Mißverständnisse aufzuzeigen. Ebert war während des Krieges endgültig zu dem unumstrittenen Führer der Sozialdemokratie aufgestiegen und hatte diese Rolle als Reichskanzler und Volksbeauftragter unangefochten behauptet. Auch nach seiner Wahl zum Reichspräsidenten galt er allgemein als der führende Repräsentant der Sozialdemokratie, und tatsächlich konnte er zunächst die Beschlüsse der Fraktion in der Nationalversammlung noch entscheidend beeinflussen, wie er auch noch an Sitzungen der obersten Parteigremien – wenn auch nur als Zuhörer – teilnahm. Später jedoch ging sein Einfluß in diesen Parteigremien stärker zurück. Die Gründe hierfür sind sicher auch in manchen persönlichen Rivalitäten mit Männern wie Philipp Scheidemann zu suchen, die sich förmlich verpflichtet fühlten, den Einfluß des Reichspräsidenten in der Partei zurückzudrängen, aber das waren doch eher ephemere Gründe.

Denn die meisten Parteiführer suchten ständig den Rat des Reichspräsidenten. Erst die Wiedervereinigung mit der USPD im Oktober 1922 stärkte dann den Einfluß der persönlichen Gegner Eberts in den Führungsgremien der Partei.

Wichtiger als alle persönlichen Rivalitäten waren jedoch die Meinungsunterschiede, die aus der verschiedenen Beurteilung konkreter politischer Entscheidungssituationen entstanden. Hier standen sich, um nur das wichtigste Beispiel, die Frage der Koalitionsbildung, anzuführen, ständig das Bemühen Eberts um die Erhaltung der „Kompromißstruktur" der Weimarer Republik durch Teilnahme der SPD an den Koalitionsregierungen und die zunehmende Koalitionsmüdigkeit seiner eigenen Parteifreunde gegenüber, die der Auffassung waren, daß ihnen die Koalitionspolitik letzten Endes zu viele Opfer abverlangte, als daß sie diese auch im Hinblick auf ihre Wählerschaft noch verantworten konnten. Ebert dagegen dachte in dieser Frage sehr viel stärker von seinem Amt her, von der ihm auferlegten Gesamtverantwortlichkeit für das Fortbestehen des demokratisch-parlamentarischen Systems in Deutschland. Wie die Parteimitgliedschaft so haben auch manche der Parteiführer bisweilen die Tatsache nicht recht gewürdigt, daß Eberts Staatsamt ihn notwendigerweise in eine gewisse Distanz zu den konkreten Inhalten sozialdemokratischer Parteipolitik bringen mußte und daß er, gerade weil er sich dieses Umstandes bewußt war, im Interesse des ihm und seiner Partei gemeinsamen politischen Ziels, der Errichtung und des Ausbaus der sozialen Demokratie, auf eine ständige Beteiligung der SPD an den Regierungen der Weimarer Republik drängen mußte. Daß Ebert umgekehrt manchmal zu stark von seinem Amt her dachte und die aus der von ihm zu verantwortenden Politik entstehenden Schwierigkeiten für seine Partei unterschätzte, kann allerdings nicht geleugnet werden.

Innerhalb der Partei brach dieser Streit um die Koalitionsfrage, der ja zugleich auch ein Streit um Eberts Politik war, nach der schweren Niederlage bei den Maiwahlen 1924 auf dem Berliner Parteitag mit ganzer Härte auf. Die linke Opposition verurteilte die bisherige Koalitionspolitik, da sie letzten Endes nur dazu geführt habe, daß mit Beteiligung der SPD viele der sozialen Errungenschaften der Revolution abgebaut und in Sachsen und Thüringen Arbeiterregierungen abgesetzt worden waren. Es war nicht verwunderlich, daß nun einige Parteitagsdelegierte auch offen Ebert angriffen. Während auf den Parteitagen seit 1919 Eberts Person immer aus den Debatten herausgehalten worden war, stand er und die von ihm vertretene Politik nun im Kreuzfeuer der Kritik. Es nützte nur wenig, daß sich der Parteivorstand geweigert hatte, die Ausschlußanträge gegen Ebert zu drucken und an die Delegierten zu verteilen, da sie nach dem

Organisationsstatut vom Parteitag gar nicht behandelt werden durften, und auch das Eingreifen Philipp Scheidemanns zugunsten Eberts konnte diese Kritik nicht zum Verstummen bringen. Und trotz der entschiedenen Verteidigung der Koalitionspolitik durch Hermann Müller und die Minister der großen Koalition gelang es nicht, den Parteitag zu einer klaren Aussage für die Fortsetzung dieser Politik zu bestimmen.

Leider sind keine persönlichen Zeugnisse Eberts zu den Debatten um seine Person auf dem Berliner Parteitag vorhanden, aber es dürfte sicher sein, daß er die Kritik an seiner Person und seiner Politik als schmerzlich empfunden hat, wie es auch ein schwerer Schlag für ihn gewesen sein muß, daß ihn der Sattlerverband unter dem Einfluß linksradikaler Kräfte nach 35 Jahren Mitgliedschaft und vielen Jahren aufopfernder Tätigkeit für seine Berufskollegen aus seinen Reihen ausschloß. Ebert war, wie ein früheres Beispiel zeigt, gewiß nicht überempfindlich und viel zu pflichtbewußt, um Kritik an seinen Handlungen als unangemessen abzulehnen, aber er erwartete ein gewisses Verständnis selbst der grundsätzlichen Gegner seiner Politik für die Schwierigkeiten seiner amtlichen Tätigkeit. Vor allen Dingen aber wollte er öffentliche Auseinandersetzungen vermeiden, da diese nur ihm und der SPD schaden mußten und dem, bei allen unterschiedlichen Auffassungen über den rechten Weg, gemeinsamen Ziel der Aufrechterhaltung und des Ausbaus der demokratischen Staatsordnung nicht nutzen konnten.

Verleumdungskampagnen gegen den Reichspräsidenten

Gefährlicher aber als alle noch so harten sachlichen Auseinandersetzungen mit der eigenen Partei, weitaus gefährlicher auch als die demagogischen Hetzreden, die im kommunistischen Lager gegen Ebert gehalten wurden, waren jene Angriffe, die aus dem bürgerlichen Lager gegen Ebert gerichtet wurden. Seit seinem Amtsantritt hatte sich eine Flut von Beleidigungen übelster Art über Ebert ergossen; von Schmähungen wegen seiner und seiner Frau einfachen Herkunft, über Trunksucht und Bestechlichkeit bis hin zu unsittlichem Lebenswandel reichten die Verleumdungen gegen ihn. Obwohl Ebert bei weitem nicht in allen Fällen Beleidigungsklage erhob, hat er doch insgesamt 173 Prozesse um seine persönliche Ehre führen müssen. Und dies war sicherlich nur die kleine Spitze eines Eisberges, die hier sichtbar wurde; alle jene Beleidigungen und Verleumdungen, die in der „guten" Gesellschaft hinter vorgehaltener Hand fielen, wurden ja nicht gerichtskundig – und doch waren sie genauso gefährlich, denn auch sie unterhöhlten mit der Beleidigung des

Staatsoberhauptes zugleich die Grundfesten der Demokratie. Mit Recht hat schon Besson auf den Zusammenhang zwischen der innen- und außenpolitischen Konsolidierung, dem Verschwinden einer aktuellen kommunistischen Putschgefahr und dem Anwachsen des politischen Einflusses vor allen Dingen der rechten bürgerlichen Parteien im Laufe des Jahres 1924 und der zunehmenden Bösartigkeit der Beleidigungen gegen Ebert hingewiesen. Nun mehrten sich die Beschuldigungen, Ebert habe durch seinen Eintritt in die Streikleitung im Januar 1918 Landesverrat begangen. Zunächst wurde von Ebert deswegen ein Prozeß gegen den Angehörigen einer deutschvölkischen Gruppe in München anhängig gemacht, doch als das voreingenommene Münchener Gericht Ebert zumutete, sich in Person und aller Öffentlichkeit von dem Verteidiger verhören zu lassen, zog er seine Klage zurück. Man muß sich fragen, ob es überhaupt klug gewesen war, nach den Erfahrungen, die demokratische Politiker bei Beleidigungsprozessen in der Weimarer Republik mit der Justiz gemacht hatten, den Prozeß anzustrengen, doch die Rücknahme der Klage in München brachte nun erst eine Lawine ins Rollen. Der Beklagte erklärte in einem offenen Brief, der von zahlreichen Zeitungen abgedruckt wurde, Ebert habe durch den Verzicht auf seine weitere Strafverfolgung das Verbrechen des Landesverrats zugegeben. Unter diesen Umständen blieb Ebert nichts anderes übrig, als durch eine erneute Klage – jetzt gegen den verantwortlichen Redakteur der „Mitteldeutschen Presse" – um seine Ehre zu kämpfen. Obwohl in dem vom 9. bis 23. Dezember in Magdeburg stattfindenden Prozeß fast alle Zeugen, gleich ob sie politisch Ebert nahestanden oder nicht, für ihn aussagten, kam das Gericht zu dem Schluß, daß Ebert vom strafrechtlichen Standpunkt aus Landesverrat begangen hatte, wenn auch von politischen und moralischen Gesichtspunkten eine andere Wertung möglich sei. Es war eine bittere Ironie der Geschichte, daß der Gerichtsvorsitzende ursprünglich einmal an das Landgericht Magdeburg versetzt worden war, „als die Justizverwaltung Gewicht darauf legte, einen ehrlichen Demokraten bei jedem Gericht zu haben". Ebert fühlte sich durch dieses Urteil, das jedem seiner politischen Gegner erlaubte, ihn, der im tiefsten Sinne des Wortes ein „deutscher Patriot" war, als Landesverräter zu beschimpfen, zutiefst getroffen. Alle Solidaritätsbekundungen der Reichsregierung einschließlich ihrer deutsch-nationalen Mitglieder, die Verdikte namhafter Juristen gegen die offensichtlichen Rechtsfehler des Urteils konnten ihn nicht darüber hinwegtäuschen, daß mit diesem Urteil nicht nur seine persönliche Ehre, sondern auch die Republik, für die er als höchster Amtsträger fast sechs Jahre mit Einsatz gekämpft hatte, getroffen werden sollte. Zum ersten Mal machten sich Anzeichen von Resignation bei Ebert bemerkbar; dennoch drang er auf einen sofortigen Berufungsprozeß und achtete nicht auf seine angeschlagene Gesundheit, bis es für eine erfolgreiche Behandlung seiner Blinddarmentzündung zu spät war. Am 28. Februar 1925 gegen 10 Uhr vormittags starb Friedrich Ebert kurz nach Vollendung des vierundfünfzigsten Lebensjahres.

„Verdienst und Grenze"

Die politischen Leistungen Friedrich Eberts sind zumeist unter dem Gesichtspunkt gewertet worden, daß die Weimarer Republik, die doch sein Werk und das der alten Mehrheitssozialdemokratie gewesen war, letzten Endes gescheitert ist. Aus der im Prinzip zutreffenden Identifizierung von deutscher Demokratie und Sozialdemokratischer Partei während der Weimarer Republik ist in einem Umkehrschluß auch die Hauptverantwortlichkeit für ihr Scheitern der Sozialdemokratischen Partei und ihren führenden Repräsentanten angelastet worden. Es kann jedoch gar keinen Zweifel daran geben, daß dieses Urteil Ebert und der SPD nicht gerecht wird.

Ebert hatte im November 1918 bewußt seine Entscheidung für die parlamentarische Demokratie und für die Heranziehung der bürgerlichen Mittelparteien zur Mitarbeit getroffen. Diese Entscheidung bedingte auch eine gewisse Kontinuität gesellschaftlicher und politischer Strukturen in Deutschland, darauf haben gerade jene Historiker, die seine Politik während der Revolution verurteilen, mit Recht hingewiesen. Aber bei aller Berechtigung der die Folgen dieses Entschlusses kritisch beleuchtenden Anmerkungen haben sie die Frage nach einer realistischen Alternative zu dieser Politik nicht beantwortet und bei ihrer Fixierung auf die Idee der Rätebewegung auch nicht beantworten können. Das hat darüber hinaus ihren Blick für die Möglichkeiten, die in der Revolutionsphase den handelnden Politikern offenstanden, getrübt und zugleich haben sie – das ist wohl noch schwerwiegender – die tatsächlichen Veränderungen übersehen, die Deutschlands politische und gesellschaftliche Struktur erfahren hatte. In Umkehrung ihrer Thesen muß man wohl sagen, die Weimarer Republik als demokratischer Staat ist nicht daran gescheitert, daß möglichst weiten Kreisen der Bevölkerung das Angebot zur gestaltenden politischen Mitarbeit und zur Integration in den neuen demokratischen Staat gemacht wurde, sondern sie besaß überhaupt erst dadurch eine Lebenschance, daß Ebert planmäßig diese Integrationsmöglichkeit während der Revolutionszeit eröffnet und in den folgenden Jahren weiterhin offengehalten hat. Es muß Ebert als ein besonderes Verdienst angerechnet

Abendausgabe

Nr. 101 ◆ 42. Jahrgang
Ausgabe B Nr. 50

Vorwärts

Berliner Volksblatt

Zentralorgan der Sozialdemokratischen Partei Deutschlands

5 Pfennig

Sonnabend
28. Februar 1925

Friedrich Ebert

Berlin, 28. Februar, 10³⁰ Uhr vorm.

Reichspräsident Friedrich Ebert ist seinen schweren Leiden erlegen.

9 Uhr vormittags

Heute morgen um 5 Uhr machte sich plötzlich eine neue Ausdehnung der Entzündungserscheinungen bemerkbar. Gleichzeitig nahmen die Kräfte rasch ab und der Kranke verfiel in Schlaf. Die an sein Lager zusammenberufenen Aerzte erklärten seinen Zustand für hoffnungslos.

10.30 Uhr vormitags

Der Reichspräsident ist heute vormittag 10.15 Uhr, ohne das Bewußtsein wieder erlangt zu haben, sanft entschlafen. Am Sterbelager weilten Frau Ebert, ihre Kinder und ihr Schwiegersohn Dr. Jenicke, sowie Staatssekretär Dr. Meißner.

werden, daß er, der als Sozialdemokrat im Kaiserreich selber erlitten hatte, was es bedeutete, wenn von den Regierungen mit aktiver Unterstützung der herrschenden gesellschaftlichen Kräfte eine geradezu planmäßige Spaltung der Nation betrieben wurde, ein großer Teil der Bevölkerung von jeder verantwortlichen Teilhabe an politischer Macht ausgeschlossen blieb und gesellschaftlich verfemt wurde, in der Stunde als die Macht im Staate von ihm und seiner Partei ausgeübt wurde, nicht eine ähnliche Politik verfolgte, sondern sich bewußt dazu entschloß, ein politisches System zu schaffen, das allen Bürgern die Chance zur Durchsetzung ihrer Interessen und Wertvorstellungen eröffnete.

Auf die objektiven Schwierigkeiten, die sich dieser Politik Eberts im innen- und außenpolitischen Raum entgegenstellten, auf die allmählich immer stärker abnehmende Kompromiß- und Integrationsbereitschaft vor allem der bürgerlichen Parteien bis hin zum Zentrum und auf den hieraus resultierenden Abbau der sozialpolitischen Errungenschaften der Revolution im Jahre 1923 ist ebenso hingewiesen worden wie auf den abnehmenden politischen Einfluß Eberts. Als er am 28. Februar 1925 starb, war Deutschland kein Staat, der seinen Vorstellungen von einem demokratischen und sozialen Gemeinwesen entsprach; auch ihm war der Radikalisierungsprozeß, der nicht nur zu einem Anschwellen der rechts- und linksradikalen Parteien, sondern zu dem viel gefährlicheren inneren Radikalisierungsprozeß in den bürgerlichen Parteien und zum Abrücken von der Politik des Kompromisses geführt hatte, nicht verborgen geblieben, aber er hatte in über sechsjähriger zäher Arbeit, oft gegen chaotische Zustände, gegen ungeheure psychologische Vorbelastungen und gegen einen oft kaum noch tragbaren außenpolitischen Druck ankämpfend, dafür Sorge getragen, daß die Reichseinheit bewahrt blieb und daß die große Chance, die aus dem Zusammenbruch des Kaiserreichs resultierte, auch weiterhin als ein Angebot an die handelnden Politiker offenstand. Dies durch seinen persönlichen Einsatz verbürgt zu haben, war sicher die größte Leistung Friedrich Eberts.

Zitierte und weiterführende Literatur
(vgl. a. die Angaben zu Kap. 5–8)

Waldemar Besson, Friedrich Ebert. Verdienst und Grenze, Göttingen–Zürich–Frankfurt a. M. 1963.

Wolfgang Birkenfeld, Der Rufmord am Reichspräsidenten, in: Archiv für Sozialgeschichte V (1965), S. 453–500.

Karl Brammer, Der Prozeß des Reichspräsidenten, Berlin 1925.

Arnold Brecht, Aus nächster Nähe. Erinnerungen 1884–1927, Stuttgart 1966.
Entscheidungen des Reichsgerichts in Strafsachen, Bd. 65, Berlin–Leipzig 1931.
Otto Kirchheimer, Politische Justiz. Verwendung juristischer Verfahrensmöglichkeiten zu politischen Zwecken, Neuwied–Berlin 1965.

Der Autor

Peter-Christian Witt, geb. 1943, Dr. phil., zahlreiche Buch- und Aufsatzveröffentlichungen zur deutschen Geschichte des 19. und 20. Jahrhunderts, ist Professor für Neuere Wirtschafts- und Sozialgeschichte an der Gesamthochschule Kassel.

CIP-Kurztitelaufnahme der Deutschen Bibliothek

Witt, Peter-Christian:
Friedrich Ebert: Parteiführer, Reichskanzler,
Volksbeauftragter, Reichspräsident /
Peter-Christian Witt. –
Bonn: Verlag Neue Gesellschaft, 1987.
ISBN 3-87831-446-9